Ⓢ新潮新書

田中弘
TANAKA Hiroshi

時価会計不況

013

新潮社

時価会計不況　目次

プロローグ

最近、書店には、「時価会計」の入門書や決算書の読み方といった本が、山のように積まれています。なかには何十万部も売れた本もあるそうです。経済社会の裏方でしかなかった会計の本が、ベストセラーの上位に顔を出すことなど、これまでは考えられなかったことです。なぜ、こんなに注目を浴びるようになったのでしょうか。

すべては、金融ビッグバンの一環として、一九九九年から本格的に始まった、〝会計改革〟に端を発しています。これまでに、「時価会計」「連結財務諸表」「退職給付会計」「税効果会計」など、いくつもの新しい会計基準が導入されてきました。

本書で取りあげる「時価会計」とは、企業が所有している有価証券やデリバティブなどの金融商品を、期末の時価（売価・取引価格）で評価し直すという会計方法です。原価よりも時価が大きければ利益（評価益）を出し、小さければ損（評価損）を出します。

これは、それまでの「取得原価主義会計（資産を購入したときの原価で記録する会計。以下、原価会計）」に対抗する考え方であり、金融ビッグバンによって規制を緩和するのと引き替えに、企業活動や財務内容をタイムリー、かつ、フルにディスクローズさせるという狙いがありました。

「時価会計」さえ導入すれば、含み益を使った益出しや原価法による損失隠しができなくなり、企業の「本当の姿」がわかるようになるので、投資家や消費者が自己責任を持って投資や金融商品の選択ができるようになると期待されたのです。

多くの解説本などでは、新会計基準の良い面ばかりが強調されています。国際的な流れについていかなければならないという強迫観念も手伝い、ほとんどの日本人は、「時価会計」を何の疑問もなく受け入れてしまっているように見えます。

しかし、本当にこのままでよいのでしょうか。

一連の会計改革は、グローバル・スタンダードにあわせるということを錦の御旗にして、日本の経済や個々の企業決算、さらには証券市場に及ぼす影響などのフィールドワークをまったくせずに、きわめて短期間のうちに、ほとんど議論らしい議論もなく、十分な学習の時間もとれず、受け入れ態勢も整わないまま、「国際的な基準」を丸飲みするような形で導入してしまったのです。ところが、その「国際的な基準」とやらが、どの国でも使っていない基準だったのです。

その結果、何が起きているのか。

わが国の企業や銀行は、新会計基準の下では、利益を生まない部門や不採算な部門は足かせになるとして切り捨てています。また、巨額の損失が生まれるおそれがあるとして、利益を確保するために人件費の削減（リストラ）に走っています。ひたすら内部留保を増やすことに腐心しているうちに、雇用破壊と消費の低迷を招いたのです。

また、有価証券が時価評価されると、評価損が本業の利益を吹き飛ばしかねないため、保有する有価証券を猛スピードで売却してきました。銀行も生保も事業会社も競って株を売却し、売られた会社も売り返すという悪循環。株価は暴落し、「時価会計」を導入したにもかかわらず、「時価会計」による決算がいっそう困難になるという逆説的な事態まで生じています。昨今の不況は、「時価会計不況」と言っていいほどです。

金融ビッグバンは、一九九六年、橋本内閣の時に〝日本版ビッグバン構想〟として打ち出されました。橋本さんの頭の中には、規制緩和によって経済を活性化し、徹底したディスクロージャー（情報公開）によって、自己責任を問える経済社会を実現しようとしたのではないかと思われます。

その橋本さんが、反省してこう言っています。

「銀行がこんなひどい状態だと分かっていたら、金融ビッグバンはやらなかった」（日本経済新聞、二〇〇二年五月五日）

また、これは仄聞《そくぶん》なのですが、「時価会計」の基準を設定した、旧大蔵省の企業会計審議会で責任ある立場にあった方が今、「時価会計基準はやり過ぎだった」と反省していると聞いています。

こうした話を引合いに出すまでもなく、現今の不況やデフレの元凶の一つが、「時価会計」などの、拙速な会計改革にあることは間違いありません。「時価会計」は、いくつもの企業を破滅に追い込むだけでなく、日本経済そのものを破壊する時限爆弾のようなものなのです。その導入の経緯から考えても、現在の経済環境から考えても、会計の理論から考えても、「時価会計」は即刻やめるべきです。

会計の長い歴史をひもといてみても、デフレや不況の下で「時価会計」を採用した国など一つもありません。それどころか、「時価会計」の導入は、経済が行き詰る度に、繰り返し脚光を浴びてきたにもかかわらず、すべて失敗に終わっているのです。それは、なぜなのか。

その理由は本書を読めば明らかになるはずです。「時価会計」は、巷間言われているようなあらゆる問題を解決する「魔法の妙薬」では決してありません。むしろ、日本経済を破壊する劇薬に近いのです。

本書では、「時価会計」の正体を暴くために、いろいろな角度から「時価」と「時価会計」を切っていきます。専門書ではありませんから、極力数式やデータなどは避けました。それよりも、時価会計の本質とその正体をつかんでいただきたいと思います。

第一章　金融ビッグバンは「猛犬の放し飼い」

黒船が来た――国際会計基準

ここ数年、「国際会計基準」という言葉をよく耳にするようになりました。いったい、これは何でしょうか。

「国際会計基準」は、英語でInternational Accounting Standards。略してＩＡＳ《アイエーエス》といいます。現在の正式名称は「国際財務報告基準（ＩＦＲＳ）」ですが、以下では「国際会計基準」と呼ぶことにします。

一九七三年、世界の主要国の会計士団体が集まって、国際会計基準委員会（ＩＡＳＣ《アイアスク》）。現在は国際会計基準審議会：ＩＡＳＢ《アイアスビー》）という組織を設立しました。わが国では、ＩＡＳＣの設立当初から日本公認会計士協会がメンバーとして参加しています。

ＩＡＳＣの目的は、各国でばらばらに設定されている会計基準を国際的に調和化するためにスタンダードな基準、すなわち「国際会計基準」を公表し、世界に広めることでした。

「国際会計基準」は、英語圏（特に、英、米、カナダ）の会計基準をベースとして作成される傾向にありましたが、それでもアメリカ基準ほどは詳細な規制は設けられていません。そのため、アメリカの会計基準を設定している財務会計基準審議会（ＦＡＳＢ《ファスビー》）は、「国際会計基準」を認めようとしませんでした。そうしたアメリカの姿勢を見た日本は、アメリカが認知しないような基準であれば国際的に通用することはないと考えて、これを真剣に国内基準に取り込もうとはしなかったのです。

ところがその後、証券監督者国際機構（ＩＯＳＣＯ《アイオスコ》）という、世界の主要国において証券取引等の監視業務を担当している役人たちの組織が、「多国籍企業が本国以外で行なう資金調達の際に作成する財務諸表」の基準として「国際会計基準」を認知する姿勢を示し始めたのです。

ＩＯＳＣＯは、各国政府の証券監督官（日本の金融庁、アメリカなら証券取引委員会・ＳＥＣ《エスイーシー》の役人）の集まりです。ここが「国際会計基準」を国際的に通用する基準として認めるとなると、アメリカ基準（ＦＡＳＢが作る基準）はアメリカにしか適用されないローカル基準になってしまいます。そうなると、日本だけではなく、ヨーロッパの国々もアジアの国々も、アメリカ基準ではなく、「国際会計基準」に準拠して財務諸表を作るようになるでしょう。

世界の資本市場は、アメリカ一辺倒から、ＥＵ（欧州連合）市場との二極化が進行する気配が見えてきた頃のことです。アメリカは、その動きに敏感に対応し、「国際会計基準」を認知する姿勢を示したのです。

あわてたのは日本です。それまで、アメリカが認めないような「国際会計基準」なら、国際的に通用する基準になることはない、とばかりに高みの見物を決め込んでいた大蔵省（当時）は、あわてて「国際会計基準」を国内基準に取り込むことに「変心」しました。

絶妙のタイミングでアメリカからは、「日本の会計基準は国際的に通用しないので、会計改革を進めるように」といった圧力がかかります。と同時に、日本企業が作成する英文の財務諸表を監査した報告書の中に「ここで開示されている財務諸表は、日本の基準で作成されたものであって、必ずしも国際的に有効なものではありません」という警告文（レジェンド）がつけられるようになったのです。一九九九年のことでした。

二〇〇〇年には、プラハで開かれたG７（主要七カ国財務相・中央銀行総裁会議）で、日本に対して異例の勧告がなされました。日本企業の経営改革の推進を強く促すものでした。日本の会計基準が国際化していないために企業経営の革新が遅れていることを指摘したのだといわれています。

わが国の会計改革、〝日本版会計ビッグバン〟は、こうした動きも背景にあり、加速していきました。自発的な改革でないことから、「動機が不純」だとも、「アメリカの圧力に屈した改革」とも評されています。

では、具体的には、どういう会計改革が進められているのでしょうか。日本版会計ビッグバンは、「金融ビッグバン」を推進するための用具でもありましたので、金融ビッグバンの話から始めます。

橋本内閣の金融ビッグバン

ビッグバンとは言うまでもなく宇宙の大爆発のことですが、これを〝大改革〟という意味で最初に使ったのは、イギリスのサッチャー首相でした。一九八六年にイギリスが証券制度の大改革をやったときに、彼女が「ビッグバン」と命名したのです。

橋本元首相が金融改革を提唱したとき、サッチャー首相をまねて「金融ビッグバン」と命名しました。この日本版ビッグバンは、日本の金融市場を「フェアで（公正で）、フリーで（自由で）、グローバルな（国際的な広がりをもった）市場」にしようというものでした。

改革の柱は二本、一つは「規制緩和」、もう一つは「自己責任の原則」でした。

長い間、どの銀行に預けても預金の利率は同じでしたが、最近は、規制緩和によって金利や各種手数料が自由化されています。また、同じ金融界にあっても、従来は、銀行・証券・保険という三つの業種間に兼業を禁止する規制があり、生保と損保の兼業も禁止されていました。この規制も緩和されました。

今では、そのおかげで、コンビニに行くと、ＩＹバンクのような異業種参入組があり、都市銀行のキャッシュ・ディスペンサー（現金自動支払機）があります。保険会社も、「ニッセイ同和損害保険」や「東京海上あんしん生命保険」のように、生保と損保が、それぞれ他の領域の保険子会社を作っています。金融界の規制は大幅に緩和され、垣根がずいぶん低くなったのです。

ところが、規制緩和の大合唱と大行進の中で、会計の規制だけは、「連結財務諸表」「時価会計」「退職給付会計」「税効果会計」など、新しい会計基準がどんどん作られ、商法や証券取引法の会計規定も改正されるなど、むしろ強化されてきました。

このように、会計の世界が大きな変化を起こしていることから、金融ビッグバンになぞらえて、会計制度改革のことを「会計ビッグバン」とも呼ぶようになったのです。

なぜ、規制緩和の時代に、会計だけが規制を強化されるのでしょうか。それを理解するためには、金融ビッグバンのもう一つの柱である「自己責任の原則」とはいったい何なのかを考えなければなりません。

規制緩和と自己責任の原則

最近、日本でもセルフサービスのガソリンスタンドを見かけるようになりましたが、欧米ではセルフ式の方が主流です。

私が、二年前にロンドンに住んでいたとき、ストライキのため、ガソリンが不足したことがありました。特に、私の車に適合したガソリンが不足していました。あるとき、少しくらいなら大丈夫だろうと思い、違う種類のガソリンを入れようとしたところ、ホースの口径が違って、入れられませんでした。

日本には、ガソリンは赤、軽油は青というように、種類によって、給油機とホースを色分けしているスタンドもあります。しかし、車の給油口には、何の色もついていません。私たちは車に適した燃料を知った上で、自分で適切なホースを選んで給油しなければならないわけです。もし、ディーゼルカーに軽油を入れるべきところを、間違えてガソリンを入れてしまったら、車は炎上するでしょう。そのときの責任は、当然、ドライバー自身にあるということになります。

イギリスでは、ホースの口径は違いましたが、無理をすれば給油できないわけではありません。その場合、無理を承知でやるわけですから、車が壊れたり炎上したりしても、スタンドの経営者などに責任を転嫁することはできません。

日本の場合はどうでしょうか。確かに、スタンドによっては利用者が間違えないように、ホースの色を変えるなどの工夫はしています。しかし、ホースの口径に違いがなければ、ちょっとした不注意などによって、間違う可能性は残ります。自己責任を求めるには、やや環境が未整備ともいえます。

つまり、規制緩和と同時に自己責任を問うには、イギリスのように、多少の不注意などで事故が起きないような工夫・条件を整えてから行なわなければならないのです。

金融ビッグバンでも同じです。規制を緩和する以上、自己責任を問える環境整備をしておかなければならないのです。

ここで一つ注意してほしいのは、規制緩和と自己責任は、それぞれ対象が違う点です。規制を緩和されるのは企業（ガソリンスタンド）で、自己責任を求められるのは投資家や消費者といった国民（ドライバー）です。企業には規制を緩和して自由を与え、企業にお金を預けたり、製品を買ったり、投資しようとする投資家や消費者には、自己責任を求めるのです。

どこか腑に落ちないのではないでしょうか。実は、現在の金融界・経済界の混乱やデフレ現象の一因、いや、けっこう大きな原因が、この不可解な「規制緩和と自己責任の原則」に則った会計の制度改革にあるのです。

金融ビッグバンの命綱は会計改革

身近な例を使って、「金融ビッグバン」と「会計ビッグバン」がどのようなものか説明しましょう。

東京都をはじめとする多くの都市では、条例によって犬の放し飼いは禁止されていま す。散歩のときには、綱でつながなければなりませんし、庭で飼うときも鎖でつないだり檻に入れたりしなければなりません。これが犬を飼うときの「規制」です。「規制緩和」とは、飼い主に、犬を放し飼いにする自由を与えることです。

一方、「自己責任の原則」とは、「犬が放し飼いにされていますから気をつけて下さい。もし噛まれたら、あなたが悪いのですよ。自己責任ですから」ということを指します。「自由」を与えられた人と、「責任」を課せられた人が、まったく別人なのです。人を噛むような猛犬を放し飼いにする方が悪いはずなのに、噛まれた方が悪いなんて、理不尽な話だと思いませんか。「規制緩和」と「自己責任の原則」は、常識的に考えれば、成り立たない概念なのです。

金融ビッグバンで、この相反するような二つの概念を成り立たせているのが、「会計の規制強化」と「ディスクロージャーの徹底」ということになります。

規制緩和の恩恵を受ける企業や金融機関に対し、「規制強化された会計基準」に則った財務諸表の作成を義務付けた上で、財務状況や商品の性能・性質などを正直にすべて「ディスクローズすることを徹底」させるのです。それらの条件がそろって初めて、消費者・契約者・預金者の「自己責任」を問えるようになるという考え方です。

本来は両立しないはずの「規制緩和される側」（企業）と「自己責任を求められる側」（投資家・契約者・消費者）の利益をともに成立させる命綱が、厳格な会計制度です。その意味で、会計ビッグバンは、金融ビッグバンの命運を握っているともいえます。

最近の日本の経済界を見ていますと、粉飾や利益操作をする、損失の飛ばしをする、消費者からのクレームを隠す、賞味期限を記したラベルを貼り替える、原産地をごまかすなど、正直な経営や会計をしてこなかった事例が目立ちます。しかし、そこに、ある日突然、「金融ビッグバンですから、あなた方も、今日から正直になってください」といったところで、果たして、日本の経営者がそろって心を入れ替え、自分に都合のいいことも悪いことも正直に報告するようになるのでしょうか。

規制緩和だけが進み、これからも日本の企業が不正やら隠しごとやらを繰り返すようですと、投資家や消費者に「自己責任」を求めることもできなくなります。企業の会計報告が厳正に行なわれない限り、今回の金融ビッグバンは、会計のところから崩れてしまう危険があるのです。

会計ビッグバンの下で想定されている会計の役割は、「投資家や消費者が、企業や企業が提供する商品（銀行であれば預金などの金融商品）について適切な判断が下せるように、必要な情報を会計データという形で提供すること」です。

金融ビッグバンの成否は、①公開される情報の妥当性、②情報公開に対する経営者の意識改革、そして、③公開された情報を検証する会計監査が正常に機能するかどうか、にかかっているのです。

会計ビッグバンは、いいことずくめ？

会計ビッグバンは、会計改革とも呼ばれています。「改革」というからには、改革すべき「悪者」がいるはずです。

会計の世界で「悪者」とされたのが、商法の個別決算（会社ごとに行なう決算）であり、原価会計です。どちらも、利益操作の元凶とされ、しかも、国際的な流れに遅れたものとされました。

国際的な流れとは、連結決算（親会社と子会社を一つにまとめた決算）であり、時価会計（資産を時価で評価する会計）です。その流れに追いつくために導入された会計ビッグバンの三本柱が、「連結財務諸表」「金融資産の時価評価」「退職給付債務の計上」です。後の二つは、「資産の時価評価」と「負債の時価評価」と言い換えることができます。

この三つに関する解説本を読むと、会計ビッグバンは、まさに「いいことずくめ」のように見えます。

新しい連結決算では関連会社に債務や損失を「飛ばす」ことができなくなる、時価会計によって含み益を使った益出しや原価法による損失隠しができなくなる、新しい退職給付債務の基準により隠れ債務が明らかになるなど、多くの効果が期待されています。

確かに、プラスの面だけを聞かされますと、反論する余地もありません。しかし、ものごとには必ず、マイナスの面もあるのです。会計ビッグバンのプラスの面については、巷《ちまた》にあふれている解説本を読んでいただくとして、ここではまず、「連結決算」と「時価会計」に疑いの目を向けてみましょう。

検証・その一　連結財務諸表で何がわかるのか?

決算操作防止のための連結とは

これまで日本では、個々の企業が行なう決算が重視され、利益の計算も、配当も、課税もすべて個別の企業を単位として行なわれてきました。法的な実体（企業単位）を計算の単位としてきたのです。作成される財務諸表は、個別財務諸表といわれ、連結財務諸表と対比して単体とも呼ばれます。そこで行なわれる決算を単独決算とか個別決算と呼ぶこともあります。

大規模な企業の場合、たいていは、単独で事業を展開するのではなく、たくさんの企業が集まってグループとして活動します。実際に、日立製作所は一二〇〇社を超える子会社を持って事業を営んでいますし、本田技研工業も子会社が三〇〇社を超えています。

このようなグループを構成する会社群の場合、親会社（あるいは子会社）だけの会計数値（財務諸表）を入手しても、会社やそのグループの実態をつかみきれません。

親会社の売上げが伸び悩んだときには、不良在庫（売れそうもなくなった製品）を子会社に高く売りつけたり、子会社の在庫を安く仕入れて親会社の利益を嵩《かさ》上げするといったことも行なわれます。親会社の土地を子会社に売ったことにして利益を出すこともあります。親会社が儲けすぎて社会から批判されそうになると、親会社の利益を子会社に付け替えたりもします。

このように、親会社の「単独決算」は、必ずしもその会社の経営実態を表さないことから、親子会社の業績をひとまとめにした財務諸表を作るのがよいとされるようになりました。それが連結財務諸表であり、このような会計方法を、単独決算に対比して「連結決算」といいます。

連結決算では、同じ企業集団（資本を共にするグループ）に属する会社群の会計数値を合算しますが、単純に親会社と子会社の数値を合算するのではなく、グループ内での取引（内部取引）は、取引がなかったものとして扱われます。例えば、親会社が子会社に製品を販売したようなケースでは、子会社がその製品をグループ外部の者に販売しない限り、販売されていないものとして処理します。そうすれば、親会社が業績をよく見せようとして子会社に製品を高く売りつけても、連結決算では売上げから除外されます。連結決算は、親会社の決算操作を防止するためにも有効だと考えられているのです。

垂直型の企業集団と蜘蛛の巣型企業集団

連結財務諸表は、英米の企業集団を想定して作られている決算書です。英米の企業集団は、親会社がメーカーなら子会社が販売会社、孫会社はアフターサービスの会社というように業務が垂直型です。資本も、親会社が子会社の資本を出し、子会社が孫会社の資本を出すというように垂直型です。こうしたグループ構成を取る場合は、トップにいる親会社がグループ全体を直接・間接に支配しているので、企業グループの経営成績や財政状態を示すには連結財務諸表が適しているといえます。

ところが日本では、企業集団は、業務も資本も垂直ではなく、水平型が多いのです。企業集団の中にいくつもの中核会社があって、それらが蜘蛛の巣のようなネットワークを構成しています。例えば、三菱グループは、日本を代表する財閥系の企業集団ですが、東京三菱銀行、東京海上火災保険、三菱重工業、三菱商事、三菱電機、日本郵船、旭硝子など、業種を異にする多数の会社がグループを構成しています。

三菱グループのように、日本の多くの企業集団は、業務も垂直型ではありませんし、資本も垂直型ではありません。どちらかといいますと、蜘蛛の巣型とかハニカム（蜂の巣）構造とでもいうべきで、多くの場合、お互いに株式を持ち合うことで結びついているのです。

こうした企業集団の場合、親会社というものが存在しませんから、グループ全体を連結した財務諸表は作成されません。作られるのは、グループのサブシステムとしての、東京三菱銀行とその子会社とか、三菱重工業とその子会社を対象とした連結財務諸表です。日本の企業集団を前提にしますと、英米式の連結財務諸表を作成しても、グループ全体の財政状態や経営成績を判断することはできないのです。

「企業集団の株」は売っていない

日本の企業集団にも、資本の構成が英米の企業集団に近いものもあります。例えば、日立製作所を親会社としたグループやイトーヨーカ堂を親会社としたグループなどです。しかし、それらの英米型に近いといわれるグループの連結財務諸表を見せられても、やはり、投資の意思決定に役に立つとはいいがたいところがあるのです。なぜなら、日立グループの連結財務諸表を見せられても、「日立グループ」という株は売っていないからです。

イトーヨーカ堂は、セブン‐イレブン・ジャパンやデニーズジャパンの親会社で、三社とも証券取引所に上場しています。イトーヨーカ堂は、セブン‐イレブンを含めた連結財務諸表を作成しますが、セブン‐イレブンもデニーズも、自社の子会社を含めた連結財務諸表を作成します。

イトーヨーカ堂の連結財務諸表はグループ全体の財務諸表ですから、これを見ても、そのサブシステムであるセブン‐イレブンやデニーズに投資する際に有効な情報を得ることはできません。逆に、セブン‐イレブンの連結財務諸表を見せられても、親会社のイトーヨーカ堂の財務諸表を見ないでセブン‐イレブンに投資することもできないわけです。

なぜこんなことになるのかというと、連結財務諸表が対象とする企業集団の株はどこにも売っていないからです。イトーヨーカ堂とセブン‐イレブンとデニーズをセットにした株は売っていないのです。結局、投資家は「イトーヨーカ堂グループ」という株を買うことはできず、イトーヨーカ堂とかセブン‐イレブンといった個々の会社の株を買うしかありません。

連結財務諸表というのは、企業集団の決算書ではなく、「企業集団の概要や全体像を伝えるための情報」に過ぎません。連結財務諸表に計上される利益に対して、どこかの株主が配当を受ける権利を持つわけでもないのです。

検証・その二　時価会計は含み経営を排するのか？

「含み経営」とは何か

日本では、一九九九年に、企業会計審議会という大蔵大臣（当時）の諮問機関から「金融商品に係る会計基準」が公表され、二〇〇一年九月から「時価会計」が適用されています。

時価会計では、企業が期末時点で所有している金融商品（株などの有価証券とデリバティブ）を、時価で評価し直して、原価よりも時価が大きければ利益を出し、小さければ損を出します。

多くの人たちは、この基準を導入した目的を、企業が持っている財産の実態を明らかにし、含み益を使った不透明な経営、つまり、「含み経営」をやめさせるためだといいます。

これまで、日本の多くの企業では、期末近くになって、その年の利益が少ないということがわかったときや、予想外の損失が発生したときに、買ったときよりも値上がりした株などを売却して利益を捻出したり、損失を帳消しにしてきました。買った時点の価格（原価）よりも時価が大きくなっている場合、その差額のことを「含み」とか「含み益」といいます。また、「含み」のある株を売って利益を出すことを「益出し」といいます。

これが「含み経営」です。そうした意味では、企業が保有する有価証券は「利益の貯金箱」だったのです。

時価会計は、この貯金箱を開けて、企業が好き勝手に使えないように、カラにしようというものです。財務諸表に企業の「丸はだかの姿」を映させようとしているとも言えます。

本当に、時価会計にすることで、企業の「丸はだかの姿」が明らかになるのであれば、時価会計はすばらしいものです。

しかし、時価会計は企業の実態を正しく映し出すのでしょうか。

実は、この〝期末の時価で評価し直す〟というのが、曲者なのです。これは、実際には有価証券を売っていないけれども、「売ったことにして」財産と利益を計算するということなのです。

時価会計は「捕らぬ狸の皮算用」

時価会計とは、持っている有価証券などを「期末に売っていたら」ということを前提にして、財産と利益を計算することです。それも、「期末時点の時価で売った」ことにして計算します。

証券市場の知識が少しでもあるとわかることですが、市場で成立した価格（期末の時価もそうです）というのは、遅れていったバーゲンセールの特価みたいなものです。そのときに市場に参加していなければ利益も特価も自分のものにできません。

日常では、こうした「手にしていない利益」（株の含み益）を「捕らぬ狸の皮算用」といいますが、時価会計では「狸を捕ったことにして」皮算用するのです。

もう少し正確にいいますと、「期末に売りに出して、持っている株がすべて時価で売れた」という仮定で財産と利益を計算するのです。果たして、その仮定に合理性があるのでしょうか。

トヨタ自動車の源流は、豊田自動織機という会社です。もともとは繊維機械の会社でしたが、いまでは、トヨタ車の組み立て、カーエアコン用のコンプレッサー製造など、トヨタ自動車の子会社のような仕事をしています。ところが、この子会社みたいな目立たない会社が、実は、トヨタ自動車の筆頭株主で、発行株式の五・四%、およそ二億株も持っています。

豊田自動織機がトヨタ自動車の株を売ろうとしたら、この二億株は売れるでしょうか。トヨタ自動車の株は、現在、一株二六〇〇円前後で取引されています。もし、二億株のすべてが二六〇〇円で売れるとすれば、この会社は五二〇〇億円という巨額の資金を手に入れることができます。

しかし、二億株ものトヨタ自動車株を売りに出せば、株価は暴落しますし、トヨタグループで買い取らない限り、全部を市場が吸収することなど夢物語です。

時価会計の基準は、こうした一社が保有する株を考えても夢物語に過ぎないのに、日本の企業がこぞって有価証券を売りに出しても、「すべて時価で売れる」ことを前提にして財産と利益を計算するのです。

「含み経営」は美徳ではないのか

こうした〝皮算用〟の考え方のおかしさもさることながら、そもそも、「含み経営」はそんなに否定すべきことなのでしょうか。

値が上がった株をいつ売るかは、本来は経営判断です。本業の利益が少なければ、持っている株を売却して利益を出すのは経営者として当然の行為だと思います。損失が出れば、何かで穴埋めしなければなりません。経営者はその穴埋めのために益出しをしてきました。ところがそうした経営判断が、投資家を惑わすものだとして非難されるのです。

どこの家庭にも、非常時に備えた米・水・缶詰・乾電池・ローソクくらいはあるでしょう。農業国の民は「アリ」ですから、必ず「食糧倉庫」を持っています。わが国でも、江戸時代の諸藩も商家も余裕が出たら「蔵」にしまい込んできました。子どもたちでさえ「貯金箱」を持っています。これが、「含み」です。「蔵の中身」をどう使うか、「含み」をどう使うかは、藩主や経営者の判断です。

時価会計は、こうした「蔵の中身」や「貯金箱」を勝手に使えないように、カラにしてしまおうというのです。丸はだかにされた会社の財務諸表には、現実には売れもしない有価証券を「売れたことにして計算した利益」がたっぷり入っています。この財務諸表を信用して投資しようものなら、ババ抜きゲームのジョーカーをつかまされかねません。

私は、含みを持つことは、むしろ経営者としての美徳だと思います。「蔵」も「含み」もない会社にはとても安心して投資などできません。ただ、投資家とすれば、「蔵の中身」=「含み」がいくらあるかは知っておきたいところです。有価証券や土地を売却すればどれだけの益出しができるのか。または、有価証券を時価で評価すれば、いくらの評価損が出るのか。土地の含み損がいくらあるのか。

経営者の責任は、そうした情報を積極的に開示することにあることを忘れてはならないでしょう。時価会計で丸はだかにするのではなく、どのくらいの「含み」があるか、情報開示を十分にすれば、投資家も、企業の益出し行為の意味を正しく評価することができるはずです。

以上のように、時価会計はその考え方にしても、「含み」を排するという前提にしても疑問だらけなのですが、それだけではありません。百歩譲ってこうした発想が仮に正しいとしても、実は、時価会計だけでは、当の「含み益」は排除できないという致命的な欠陥があるのです。簡単に言うと、いくら時価会計を導入しても現在の商法がある限り、それはまったく機能しないのです。

温存された「含み経営」

企業会計審議会が決めた時価会計基準によれば、「売買目的で所有する有価証券」は時価で評価し、その含み損益は、損益計算書に計上されます。しかし、現在の商法の規定では、評価益が出ても配当に回すことができません。

社債や国債のように満期がある債券の場合は、それを満期まで所有する意図があるかどうかで含み損益の扱いが違います。「満期まで保有する目的の債券（有価証券）」は、満期日には額面額で償還されるので、満期までの間に生じる価格変動があっても、とりあえず無視することができます。そのために、満期保有目的の債券は、原価（買値）をもってバランス・シート（貸借対照表）に記載することになっています。

売買目的以外の目的で所有する有価証券（主に、持ち合い株式）は「その他有価証券」と呼ばれ、その含み益は、原則として、バランス・シートの「資本の部」に記載されます。なぜ、当期の損益としないのかといいますと、「その他有価証券」の含み益はいつ実現（実際に売却することによって、本物の利益になること）できるかわからないからだというのです。

時価会計基準を読みますと、暗黙のうちに、次の三段階の「実現」を想定しているようです。第一の段階は、「有価証券の含み益は売却によってすでに『実現』している」というレベル、第二の段階は、「売買目的有価証券の含み益は『いつでも実現可能』だ」というレベル、第三の段階は、「その他有価証券の含み益は『いつ実現するか不明』である」というレベルです。

商法はこのうち、第一のレベルに達した利益（実際の売却益）だけを配当可能な利益とし、第二と第三の段階にある含み益は配当できないとしているのです。

第一のレベルに達した含み益は、会計上も商法上も当期の利益であり、配当可能とします。その利益が「売買目的有価証券」の含みであるか、「その他有価証券」の含みであるかは問いません。売買目的であれ持ち合い株であれ、どれも売らなければ配当可能利益にならず、売ればその期の配当可能利益となるのです。利益を出したいときに含みのある有価証券を売れば配当可能利益を出せるというのですから、これぞまさしく「含み経営」です。

時価会計基準の導入は、透明性を高め、含み経営を排除することが目的でした。しかし、実際に設定された基準と商法を組み合わせてみますと、もくろみとは逆に、含み経営を温存するものになってしまっているのです。

「ビー玉」をしゃぶらされる投資家

商法は、時価会計基準の扱いを認めて法改正を行ないましたが、この改正は、実に「商法的」といいますか、「オトナ」でした。

商法では、会計基準が指示する評価損益の扱いに対して、二つの点で自己主張しました。一点は、会計基準が評価損益の計上を「強制」したのに対して、商法は「任意」としたことです。もう一点は、持ち合い株の評価益だけではなく、時価会計支持者が一〇〇％利益であると主張してきた「売買目的有価証券の評価益」も、それを配当の原資とすることを認めなかったことです（商法第二九〇条第一項第六号）。

会計の主張（強制的時価評価による利益の計上）を表向き認めておきながら、実質（任意計上と利益の配当制限）のところで否認したのです。会計のいうことをやんわりと受け入れたような顔をして、「時価評価したいならしてもいいけど、でも、評価益なんていうのは利益ではないよ。配当はダメですよ」というのです。それが、商法が「オトナ」だといった理由です。

皮肉っぽいいい方をすれば、時価会計基準があめ玉（利益）だと主張しているものを、商法はビー玉（架空利益）だといっているようなものです。今の時価会計は、投資家に、有価証券の評価益（含み益）は甘くておいしい「あめ玉」だといって、実は、「ビー玉」をしゃぶらせているようなものなのです。

これが、時価会計基準の実態です。今の時価会計では、財務諸表の上だけの時価評価であって、評価益を計上しても配当可能利益は増えませんし、持ち合い株（その他有価証券）の評価益には税金も課されないのです。つまり、商法や税法は、会計の時価評価を否認しているのです。

第二章　時価とは何か——「ヌエ」の正体を探る

時価の迷路

時価会計を肯定する人は、時価を「現在の価値」であり、「きわめて透明性が高いもの」と考えているようですが、とんでもない誤解です。時価は、得体の知れない「ヌエ」のようなものです。

そもそも、有価証券や土地などは、百面相を思わせるくらい時価の種類が多く、多様な性格を持っています。しかも、立場が変わるだけで時価は変わるのです。時価を、「現在の価値」や「市場価値」、あるいは「売れる値段」と単純に考えてしまうと、大きな過ちを犯すことになってしまいます。

本章では、「時価の迷路」にご案内しましょう。

モノ（サービスや株式などの金融商品、権利などを含む）を手に入れようとしている人にとっては、①買ったらいくらか、と②自分で作ったらいくらかかるか、という二つの時価があります。

モノをすでに所有している人にとっては、③いま売ったらいくらか、と④利用し続けたらいくらのキャッシュ・インフロー（現金収入）があるか、という二つの時価があります。④のキャッシュ・インフローは「割引現在価値」といい、将来の現金収入を現在価値に割り引いて時価とします。

会計の世界では、「所有している」資産の評価が問題とされるので、ここでは③と④が時価となります。

所有している資産を売ったらいくらになるかという時価（売価）を、会計では、「正味実現可能価額」と呼んでいます。これは、その資産を売却することによって得られる収入から売却するのに要するコストを差し引いた金額を指します。「実現」というのは、「現金に換える」くらいの意味です。

理論的には、現在の売価（正味実現可能価額）よりも、将来の正味収入（割引現在価値）が大きければ、資産を所有し続けるという選択が行なわれ、逆に、現在の売価が将来収入より大きい場合は、資産は売却されるという選択が行なわれます。

要するに、所有し続けるときの収入より売却したときの収入が大きければ資産は売られるし、逆に、所有を続けたときのほうが収益が大きければ資産は売られないのです。しかし、所有したほうが有利だということがわかれば、この資産に対する需要が高まります。いずれ、売却したときの収入と同じ価値になるでしょう。土地や金融資産を考えるとよくわかります。

商品の時価は二つある

普通の商品の場合、マーケットは二つあります。調達（購入）市場と販売市場です。卸売業者ならメーカーから購入する「仕入市場」と、それを小売業者に売る「卸売市場」。小売業者なら商品を仕入れる「卸売市場」と、それを販売する「小売市場」です。二つのマーケットがあるということは、市場価格（時価）も二つあることになります。つまり、「買値」と「売価」という、二つの時価です。

A氏がある商品を買おうと思って店を訪ねたら、五〇〇〇円で売っていたとします。A氏が買う価格＝時価は五〇〇〇円です。しかし、この店のオーナーであるB氏は、この商品を三〇〇円で仕入れたとすれば、B氏にとって商品の現在価値は仕入れ値の三〇〇円ともいえるし、販売価格の五〇〇円ともいえそうです。

さて、この商品の時価は、買い手のA氏にとっては五〇〇円でも、売り手のB氏にとっては三〇〇円と五〇〇円の、二つの時価がありうるのです。さらにもうちょっと考えると、買い手だったA氏が、それを七〇〇円で誰かに売るとしたら、A氏にとっての時価も二つあることになります。

このように、商品には通常、二つの価格が存在します。そして、一般的には、買値よりも売値が大きくなります。

ただし、一人が同時に、同一物の売り手と買い手になれるわけではありません。売買が成立する瞬間は、売り手か買い手のどちらかにしかなれないのです。とすれば、買おうと思っている人にとっての時価は買値しかありえず、売ろうと思っている人には売値しか時価としての意味がないことになります。

商品を仕入れて他人に販売しようとする人にとっては、仕入価格と販売価格という二つの時価が存在するようにも考えられますが、自分が所有している状態にあるモノは、売るか使うかの選択肢しかありません。つまり、所有している資産の時価とは、あくまでも売価です。仕入価格ではないのです。

まとめて売れば、時価は下がる

どんな商品も、ほとんどの場合、前日だろうが、昨年度末だろうが、実際にいくらで売れたかという、「過去の時価」はわかります。そういう意味で、有価証券に限らず市場性のある商品の時価は、簡単にわかります。

しかし、これから「いくらで売れるか」とか、所有している商品をまとめて市場に出したら、いくらで売れるのか、果たして「本当に売れるのか」どうかは、わかりません。それは、有価証券であっても同じです。

また、商品の保有量を無視して売価を求めることもできません。売れ筋の商品をわずかしか保有していない場合には、そのすべてを市場に出しても価格には影響しないでしょう。値崩れが起きることはありません。

しかし、価格が需給に敏感に反応するような商品や販売市場が小さい商品、あるいは、売れ筋から外れたような商品を大量に保有している場合はどうでしょうか。もし、保有量すべてを市場に出せば、価格の崩壊が起きることは明白です。こうした場合には、最初に市場に出した商品は高く売れても、次第に価格は下落し、最後の一単位を売る頃には、大幅に原価割れしていることでしょう。株も同じです。

八百屋さんや魚屋さんでは、それまで高い値段で売っていた商品でも、閉店が近づくと思い切り安くして売り切ろうとします。最後には、「もってけ泥棒！」などと言いながら、ただ同然のような値段で売ったりします。

ここで問題になるのは、どの時点の価格が時価になるのかということです。①最初の一単位を売るときの価格を指すのでしょうか。②最後の一単位を売る価格を指すのでしょうか。それとも、③すべての商品を売ったときの売価総額（または平均売価）を指すのでしょうか。商品を二単位以上所有しているとすれば、理論的には①②③の時価が考えられるはずです。

以上は、売れた場合の時価です。

時価会計では、期末時点で保有している有価証券などを、そのときの時価で評価します。要するに、期末時点で「売れ残っている」ものを時価で評価するということなのです。では、売れ残ったモノは、どうやって時価を決めればよいのでしょうか。

「上限としての時価」と「下限としての時価」

有価証券（株式や社債）の時価は、客観的に求めることができ、それを証明することが可能であると考えられがちですが、実はそうではありません。

また、買値と売値は同じと考えている人も多いと思います。確かに、買い手と売り手の間で成立する価格は、どちらにとっても同じです。五〇〇円で売買されたのであれば、買値と売値も五〇〇円です。

しかし、売る立場から見た時価と買う立場から見た時価は、まるで性格が違います。売る立場にとっては、時価は「上限としての価格」を意味し、買う立場にとっては、「下限としての価格」を意味するのです。

例えば、A社の株価が前日五〇〇円だったとします。もし、B社が所有するA社の株を、前日、大量に売りに出していたら、株価は五〇〇円を下回っていたはずです。B社が売りに出さなかったおかげで、五〇〇〇円にとどまっていたのです。つまり、株の所有者にとって、時価は「売れる価格の上限」でしかないことになります。

逆に、前日五〇〇〇円で取引されていた株を、翌日、大量に購入しようとすればどうなるでしょうか。きっと株価は騰貴します。五〇〇〇円では買えなくなるでしょう。株を買おうと考えている人にとって、時価は「買える価格の下限」でしかないことになります。

有価証券は「一物何価」？

上場有価証券の時価は、売り手と買い手という立場の違いによって、常に性格の違う二つの時価が存在すると述べましたが、実際、金融ビッグバンに伴う証券取引所の改革もあって、現実に「一物四価」にも「一物五価」にもなっています。

東京証券取引所は、既存の株式市場とは別に、一定株数以上の「大口取引」、売りと買いの注文を同時に出す大口の「クロス取引」、複数の銘柄の売買注文をまとめて出す「バスケット取引」などを専門に扱う市場として、トストネット（ToSTNeT）を開設しています。大阪や名古屋の証券取引所も、似たような専門市場を開設しています。こうした新しい市場では、これまでの市場とは別の時価が成立しているのです。

また、旧大蔵省は、金融ビッグバンの一環として、これまでの「市場集中義務」を緩和し、「市場外取引」を認め、証券会社の店頭で株式を売買したり、私設の取引所を開設することも認めました。そうなると、さらにいくつもの相対《あいたい》取引（売り手と買い手が直接に売買する取引。市場集中主義の下では認められなかった）における時価（土地でいえば、取引事例価格）が生まれるでしょう。

以上のようにたくさんある時価のうち、どれを資産評価に使うかということは、それほど重要なことではありません。過去の取引価格は、将来の取引量については何も語らないからです。

時価会計では、期末に売れ残っている資産を時価で評価してバランス・シートに記載します。一〇〇〇株かそこらの保有であれば期末の時価に近い価格で売れるかもしれませんが、数億株、数千万株単位で所有する場合のことを考えてみてください。もっとも重要なのは、そのような大量の株が、期末に本当に「売れる時価」です。実際に売りに出したとして、いくらで売れるのかということなのです。

例えば、前の章でも紹介したように、トヨタ自動車の大株主である豊田自動織機は二億株近いトヨタ株を持っています。ＵＦＪ銀行、ＵＦＪ信託銀行などもそれぞれ一億五〇〇〇万株を超えるトヨタ株を保有しています。これを証券市場で売り切るとすれば株価はどこまで下がるでしょうか。想像もできません。

以上のように、期末に保有する有価証券の時価としては、①取引所の終値、②専門市場の大口取引価格、③大口クロス取引の価格、④市場外の相対取引価格、⑤取引量・保有量を考慮して求める売却可能価額など、いくつも存在するのです。

「断念と怨念のバランスシート」

バブル期にマンションや土地、あるいは株を買った人たちは、いま、「断念と怨念」の日々を過ごしているのではないでしょうか。

例えば、六〇〇〇万円で自分が買ったマンションの隣の部屋が、二〇〇〇万円で売りに出されているとします。その信じがたいほど安い売値を見て、自分には売りに出せないと感じる人は少なくないでしょう。まだまだ定年までローンが残っているとしたら、なおさらです。子供が大きくなってきたので、できればもう少し広いところに引っ越したいと思っても、現在の住まいを売ることができなければ、無理な話です。元の三分の一なんて安さでは、やっぱり売る気になれない。結局、売るのをあきらめるしかありません。

今日、近代経済学の主流派を構成しているのは新古典派の経済学です。そこでは、価格は市場における需要と供給が一致して決まると説明しています。市場が自ずと作り出す均衡は効率的であるとする市場均衡論です。こうした考えの下に、市場で価格が成立するということは、その価格の下では過剰な供給もなく、過剰な需要もないということを意味し、需要と供給のバランスがとれるから価格が成立するというのです。

このような「ハッピーな」市場均衡論に対して、経済学者の岸本重陳教授は、市場で需要と供給が一致するのは、「市場に出さない供給があり、市場に出ない需要がある」からだといいます。売り手もその価格では売りたくない、買い手もその価格では買いたくても買えないと考えて断念するために、表面的に需給が一致するというのです。岸本教授はこうした市場に出ない需給がある上で価格が成立することを「断念と怨念のバランスシート」という表現を使って説明しています（内橋克人編『経済学は誰のためにあるのか――市場原理至上主義批判』岩波書店、一九九七年、四八―四九頁）。

さらに、岸本教授は次のように言っています。「ある価格の下での需給一致は、断念と怨念を引きずっている分だけ次の価格での不均衡を生み出し、その不均衡は新しい価格での断念と怨念を生み出さなければ、市場での需給の一致はもたらさない。」（同上）。

こうした断念と怨念に満ちあふれた市場で成立した価格（時価）というのは、断念した人たちにとっては「許し難い価格」でしかないでしょう。そこで「断念と怨念」を振り払って売買を強行すれば、さらに価格は自分の望む方向と逆に動くのです。

バブル期に、A氏は、ある株を一万円で買ったのですが、いまその株は二〇〇〇円あたりで売買されているとします。A氏は、バブル崩壊後の株価下落によって売却するタイミングを失い、結局、株価は五分の一にまで下落してしまったのです。A氏は、この間、株価の下落を「断念と怨念」の思いで見守り、市場に参加（売却）したくても参加できなかったのです。もし、あきらめて市場に参加すれば、価格はさらに下落したはずです。

現在の株価が五分の一にとどまっているのは、多数の投資家が市場に参加したくてもできないからです。売りたい人と買いたい人が、それぞれ価格が違う方向に動くのを待っています。つまり、大多数の、市場に参加しなかった人たちの、「あきらめの価格」が時価なのです。そういう意味では、今日の時価は、多くの人にとって、明日の時価にはなって欲しくない価格なのです。まさしく、「怨念の時価」といってよいでしょう。

他人が成立させた価格というのは、そういうものなのだということを理解すれば、それが現在の価値を表すこともなければ、明日の取引価格の指標ともなりえないということも理解できると思います。

その点、原価は自分が成立させた価格です。取引の時点で納得して成立させた価格ですから、そこには怨念も断念も含まれていません。投資家には、こうした「いくらで買ったかという事実」をバランス・シートの上で知らせるべきです。投資家が時価を知りたいというのであれば、「仮に売れたとすればいくらで売れたと期待できたか」を時価情報として提供すれば済むことです。

第三章　「株は時価で売れる」という妄想

売らずにいたほうが利益が大きくなる不思議

一九九七年六月に大蔵省（当時）で会計基準の設定を担当していた企業会計審議会は、「金融商品に係る会計処理基準に関する論点整理」を発表し、次のように述べています。

「金融商品（有価証券及びデリバティブ取引の他、営業債権、貸付金、営業債務、借入金等を含む）は、証券・金融市場の発達が一定の段階に達している状況の下では、一般的には、取引市場が存在することにより時価を把握し、かつ、換金・決済等により評価差額を損益として確定することが可能である（価格の客観性の保証、売買の自由の保証）」

この論点整理（一九九九年に公表された「金融商品に係る会計基準の設定に関する意見書」でも同様の記述がある）では、上場している有価証券なら「時価で売れる」と言っているのです。これを基に、有価証券の含み益はいつでも実現（換金）できるのだから、期末に保有する上場証券は時価評価して、含み益を利益として認識しようというのです。これが「時価会計」です。

この時価会計の考え方は、経済法則をまるで無視しています。そのことは、何も「理論」とか「論理」とかいう大げさなものを引っ張り出さなくても簡単に説明できることです。

A社が、昔一株五〇〇円で買ったB社株一〇〇万株を、一株一〇〇〇円で売りに出したとします。そのうち、一万株については買い手が見つかったのですが、残りの九九万株は売れませんでした。売れた一万株（一％）の時価はいくらかと聞けば、誰でも一株一〇〇〇円と答えるでしょう。では、売れ残った九九万株（九九％）のB社株の時価は、いくらでしょうか。

残った九九万株は一〇〇〇円では売れなかったのです。「売りの条件」を一株九〇〇円に落とせば、もう少し売れるかもしれない。七〇〇円まで下げれば半分くらいは売れるかも……。こんな調子で下げていっても、一〇〇万株を全部売りきるには、五〇〇円まで下げなければならないのかもしれません。とにかく、一〇〇〇円で売れないことは確かです。

こんなことは、経済学や会計を知らなくても、誰にでも容易に想像がつきます。ごく普通の経済感覚があればわかることです。ところが、時価会計の世界では、こうした「国民の常識」「誰もが共有する経済感覚」が通用しないのです。

時価会計では、何と、「売れた一％の時価＝一〇〇〇円」を使って、「売れ残った九九％を時価評価する」のです。売れる価格は七〇〇円かもしれないし、五〇〇円かもしれない株が、バランス・シートに一〇〇〇円と書かれるのです。

トヨタ自動車は三六億株、日産自動車は四五億株もの株式を発行しています。三菱重工業は三三億株、東京電力と石川島播磨重工業はそれぞれ一三億株。この発行株式のほとんどを、銀行、生保、事業会社が保有していて、それが今、時価評価の対象となっているのです。一〇億株とか三〇億株もの「売買に参加しなかった株」を、ほんの一握りの売買で成立した時価で評価するのが時価会計なのです。

期末の株価は、自分が所有する株を、「昔（期末時点で）売っていたら実現したはずの額」と解釈されがちですが、そうではありません。期末の株価というのは、期末に売買した人の、いわば「過去の、他人の、取引価格」であって、これから自分が経験しうる取引価格ではないのです。

現在の株価は、その株式が取引された直後の価格ですから、近い将来の取引価格を推定する最良の材料であることは間違いないでしょう。ただし、前場《ぜんば》（証券取引所における午前中の取引）で一株五万円の値が付いたといっても、後場《ごば》（午後の取引）でも五万円前後で売買が成立するとは限りません。最近のように出来高が少ないときは、前場だけで需給が落ち着くこともあります。こんなときの株価はあまりあてになりません。

一般的に、取引価格は取引の量に大きく左右されます。売れ筋の商品であっても大量に市場に出せば価格は低落します。経済学でいう「需要供給の法則」が働くのです。需要を上回る供給があれば、モノの価格は低落する、こんなことは誰でも知っています。株も同じです。大口の売りを入れれば次第に価格は下落していくし、大口の買いを入れれば価格は上昇していくのです。

また、小口の売買の価格を信じて大口の売りを出しても市場は吸収できないかもしれません。かといって、大口の取引の後に売りを出しても、すでに需要と供給のバランスが取れてしまっていて、取引が成立しないこともあるのです。昨日の株価は、今日の取引量が株価にどういう影響を与えるかについては何も語らないのです。そうした意味で、昨日の時価は価値の指標とはなりえません。

本当に売ったら大暴落

株価が上げ続けているときは、誰も自分が「ババ」をつかむことはあまり考えません。ところが、少しマーケットがおかしくなってくると、みんな売り逃げようとします。株式市場は下げ始めた途端に「ババ抜きゲーム」に変身するのです。最近のように、売れないほど暴落した株を持っている人が負けというわけです。

市場に参加しているみんなが「含み益」を実現しようとして、本当にできるのであれば、それは実体の伴った利益といえるでしょう。しかし、実際には、みんなが株の含みを実現しようとすれば、売りが売りを呼んで、含み自体が吹き飛んでしまうのです。全員が実現できないような「含み益」を、各社が利益として計上するなんて、最後には自分がババを引いて負けるかもしれないのに、ゲームの途中で祝勝会を開くようなものです。

　所有する株式が時価で売れると期待できるのは、個人投資家が所有する程度の数量までです。上場株式を大量に保有する法人が大量に売りに出せば、間違いなく証券市場はクラッシュするでしょう。いくら優良企業といっても、三六億株ものトヨタ自動車株のうち五％も市場に出れば、株価は大暴落し、ほとんど取引は成立しないでしょう。日本の市場は、法人所有の株式を吸収できるほど大きくはないのです。日本の株式市場は、薄氷の上で舞う踊り子みたいなものです。有価証券の時価評価は、企業が自らこの薄氷を踏み割るようなものです。そのことを承知しているからこそ、多くの企業や金融機関は、売りたくても売りに出せないでいるのです。

株価は常にバブル状態——ケインズの美人投票説

法人が所有する株を市場で売却しようとしても、時価かそれに近い価格で売れないとすれば、市場はバブル状態にあるということになります。バブルでなければ、市場は売りに出された株を時価かそれに近い価格で吸収できるはずだからです。

もともと、株式市場はバブルを生みやすいものです。経済学者のケインズは証券市場を、美人投票にみたてて、バブルの発生を説明しています。私なりにアレンジして紹介しましょう。

投票者が、一〇〇人の女性の中から最も美しい人を一人選ぶコンテストがあるとします。面白いのは、賞品が、一番に選ばれた女性だけでなく、その女性に投票した人たちにも与えられることです。この投票者を投資家、選ばれる女性を投資先の会社だと思って下さい。賞品は高い投資収益（投資家）と高株価（会社）です。

注意しなければならないのは、各投票者（投資家）は自分自身の好みによって最も美しい（収益性が高い）と思う女性（株式）を選んではいけないということです。自分が美しい（収益性が高い）と判断しても、他の投票者（投資家）が自分と同じ女性（株式）に投票（投資）しないと、その女性は一番に選ばれない（株価が上昇しない）からです。大事なのは、自分の好みよりも、他の投票者（投資家）が、誰（どの株）に投票

（投資）するかを、正確に予測することです。他の投票者（投資家）の好みに最もよく合うと思われる女性（株式）をよく推理した上で選択しなければならないのです。もちろん、他の投票者も、自分が誰に投票するかを知りたがっています。

ケインズによりますと、株も美人投票と同じです。自分にとってどれがいい株かということではなく、多くの投資家がいい株だと考える株を買えばかならず価格が上昇し、儲かるというのです。誰かが「この会社の株をみんなで買おう」と誘いをかけて、みんなで買えば、その株はかならず値上がりします。たとえ、経営内容がボロボロの会社であってもそうなのです。

株価はそうした、実体とは関係なく形成される人気投票の側面を強く持っているというのです（奥村宏著『株とは何か（改訂版）』朝日文庫、一九九二年、一九七―一九八頁参照）。つまり、株価は、短期的には、みんなが信じている株価ならば実際にもそのようになるという、「予測の自己実現的性格」（倉澤資成著『株式市場――資本主義の幻想』講談社現代新書、一九八八年、一〇四頁）をもっているのです。

経済政策の倉澤資成教授は、「どのような理論、あるいは予測手法も、それ自体としては、投機の役には立たない。役に立つ手法は、多くの投資家が信じ、用いている手法である。……どこそこの株式専門紙のコラムや週刊誌に掲載される推奨銘柄がよく当たる。こういったことをよく耳にする。一旦よく当たるという評判をとってしまうと、どんな銘柄を推奨しても、多くの投資家がそれを信じて買いに回れば、実際にも株価は上昇し、結果として、予想は当たることになる」（同上、一〇四―一〇五頁）といっています。株価の形成にはバブルがつきものなのです。

持ち合い株の含み益は「ペーパー・プロフィット」

日本では、自社株（自己株式）を取得することは、商法によって原則的に禁止されてきました。資金が必要だから株式を発行するのであり、株式を発行して調達した資金で自社株を買い上げることは、「資本の空洞化」を招くからだといいます。

ところが、この自社株の所有と同じことが、これまで合法的に行なわれてきました。株式の相互持ち合いです。

A社とB社が、お互いの株を持ち合えば、実際には資金をほとんど用意しなくても、帳簿上の資本の額を思うように増加できます。しかも、持ち合いが進行すれば市場に出回る株式が少なくなるので、株価は実力以上に引き上げられるのです。

例えば、上場しているA社とB社の株式について、二つの状況を想定してみましょう。一つは、A社の株もB社の株もすべて一般の投資家によって保有されている状況。もう一つは、A社の株式の半分をB社が所有し、B社の株式の半分をA社が所有し、残りの株式を一般の投資家が所有している状況です。

株式の持ち合いがない場合にA、B両社の株式につけられた総価値（企業評価額）は、持ち合いが行なわれている場合にA、B両社が発行している株式の二分の一につけられた総価値と同じになります。要するに、持ち合いがある場合には、持ち合いがない場合に比べて、株式につけられる総価値は二倍になります（倉澤資成、同上、一四六頁参照）。そのことは、持ち合い株がすべて市場に放出されれば、株価は二分の一に下落することになることからも説明がつきます。

株式の持ち合いは、資産と資本を水膨れさせるのです。もともと、資金を必要として株式を上場している企業同士が資金のやりとりをしていること自体がおかしいではないですか。

自分の親に「マンションを買うから金を貸してくれ」と頼んだとしましょう。親から「貸してやるけど、私も別荘を建てるから金を貸してくれ」といわれたら、話は進みません。株の持ち合いは、マンションを買う金と別荘を買う金を交換しただけにすぎないのです。手元に残る株券はただの紙切れにすぎません。紙切れを交換してバランス・シートに資産として計上するのですから、ここでは資本の論理が働いていないのです。

株式という紙切れを交換しただけですから、その時価が上昇するなんてことはありえません。わが国の有価証券時価評価論は、交換しただけの紙切れを、それを発行した企業がクロスという仮装の取引（自分で売った株を自分で買い取るもの）でつけたり、政府がPKO（株価維持策）やPLO（株価騰貴策）でつり上げたりした価格で再評価することを主張しています。株式の含み益が「ペーパー・プロフィット（紙の上の利益）」であることを理解していないのです。これらを時価で評価し直せば、含み益が多いとされている会社ほど、後になってからの株価の下落が脅威になるでしょう。

要するに、①上場株は時価では売れない、それどころか、②持ち合い株は紙切れ同然だということをいいたかったのです。それでも、持ち合いを解消して売却する企業もあるではないかとの反論もあるでしょう。しかし、現実には持ち合い株が市場に出回ることは少なく、多くはクロス取引によって株を発行した会社（またはそのグループ）に引き取られています。これと引き替えに持ち合いの相手が当方の株を手放せば、当方のグループがこれを引き取ることになるだけです。

何のことはない、持ち合い株は組織の間の連携によって「居場所を変えるだけ」にすぎません。実質的な持ち合い解消というのであれば、一度交換された株券と資金が、もう一度交換され、結局、手元には資金も株券も残らないことになります。そうなれば、「持ち合い株」が「紙切れ」だったことを証明するに違いないでしょう。

持ち合い株を買う「黒い目の外国人」

前節で、持ち合い株は市場に出ることが少ないと書きました。しかし、経済新聞には、しばしば「持ち合い解消売り」が進んでいるといった記事が出ます。どちらが正しいのでしょうか。

時価会計は持ち合いを解消する力があると喧伝されてきました。巨額の株式を保有していると、期末の株価が下落したとき、本業の利益（営業利益）を吹き飛ばしてしまうどころか、自己資本をマイナスにしかねません。とりわけ、BIS基準（銀行の自己資本規制）を達成することが至上命令となっている銀行や自己資本が小さい保険会社にとっては、持ち合い株は時限爆弾みたいなものです。

最近では、銀行が株価変動のリスクを回避するために、所有する株を売りに出し、売られた事業会社が銀行株を売り、売りが売りを呼んでいるといわれています。

では、銀行や事業会社が売りに出した株を、誰が買っているのでしょうか。個人投資家は、今の市場ではリスクが大きすぎて買いません。日経平均の最高値三万八九一五円の五分の一近くまで下落したのですから、常識的には個人投資家が動きそうなものです。ところが現実には、特に大口の個人投資家が証券会社に近寄らなくなったといいます。

日本経済新聞社の前田昌孝編集委員は、その理由を、「（PLOだのPKOだの）その場限りの株価の『お化粧』に国を挙げて取り組んだ」結果、「妥当な株価水準や日本経済の本当の実力が分からなくなった」からだと分析しています（日本経済新聞、二〇〇一年七月十七日夕刊)。今は、「市場への信頼感は決定的に欠けている」(同上) のです。そんな市場で、しかも薄商い (取引量が小さい) の中で成立した株価を使って有価証券を時価評価すれば、今度は、「決定的に信頼感に欠けた財務諸表」を作成することになりはしないでしょうか。

株式の所有比率で見ますと、外国人投資家が増えています。しかし、その正体が不明なのです。東証の関係者によりますと、所有比率を区分する場合、日本の企業が外資系証券会社 (例えば、メリルリンチなど) で買うのも、ロンドンやニューヨークなどの外国市場で買うのも、すべて外国人投資家として区分されるのだそうです。

自社の株を売られた日本の会社や銀行が、外資系証券会社や外国市場を通して自社株を買い戻しても、買ったのは「黒い目の外国人」となるのです。そうとでも考えないと、銀行が保有する事業会社の株を売り、売られた事業会社が銀行株を売っているのに、それでも株価が暴落しないのは辻褄が合いません。

東証の関係者の話では、外国人投資家に分類される投資家が本当のところは誰なのか、メリルリンチにでも潜り込んで発注伝票を一枚一枚めくってみなければわからないそうです。もちろん、そんなことはできません。時価会計には持ち合いを解消する力があるとされてきましたが、むしろ、持ち合いの実態を知り得なくしてしまったのです。

上場会社の株を、発行済み株数の五％を超えて保有する場合には、その株式の種類、株数、保有割合などを監督官庁（財務局）に届け出なければなりません（五％ルールといいます）。こうして提出される書類を、大量保有報告書といい、その写しが、株を発行した会社と証券取引所にも送付され、一般に公開されています。

この報告書を見れば株主の実態がわかりそうですが、残念ながら、株主名簿に実際の投資家の名前が書かれているとは限りません。大量に保有している投資家に代わって、株式を保管・管理する金融機関の名前が書かれていることが多いのです。『日経会社情報』でも『会社四季報』でも開いてみるとわかりますが、大きな会社の大手株主欄には、「日本トラスティ」「シティトラスト」「チェース・マンハッタン」「ステート・ストリート」といった名前が並んでいます。

もしも、銀行に自社株を売られた会社やそのグループが、こうした管理会社を使って自社株を買い戻しているとしても、当事者以外には知りようもありません。そうして買い戻した自社株が年金資金で運用されていたり、金銭の信託で運用されていたりすれば、銀行が放出した株を買い取っているという実態が表に出ることはないでしょう。

売れない株を時価評価するとどうなるか

ここで、もう一度、五〇〇円で買った一〇〇万株を一株一〇〇〇円で売りに出して、一万株しか売れなかった話を思い出してください。もしも、売れ残った九九万株が実際には七〇〇円でしか売れないとすれば、どうなるでしょうか。

時価会計では、実際に売ってみれば七〇〇円でしか売れない株を一〇〇〇円と書き、五〇〇円の評価益を計上するのです。評価益五〇〇円のうち三〇〇円は「実現（換金）可能」でも「未実現」でもありません。「実現（換金）不能な利益」です。そうすると、バランス・シートの上では、時価評価した途端、一株について三〇〇円の「含み損」が発生するではないですか。五〇〇円でしか売れないなら、一株について五〇〇円の「含み損」です。

時価会計は「含み益を吐き出させる会計」といいながら、実は、一方で評価益を計上しておいて、他方で「含み損をつくる会計」なのです。もしも、この残りの九九万株を市場で売りに出せば、この「含み損」が本当の損失になってしまうのです。

つまり、時価会計によれば、「売れば損失（売却損）が出て、売らずにいれば利益（評価益）が出る」のです。売らずにいたほうが利益が大きいなんて、経済法則をまるで無視しています。原価会計は含み益や含み損を塩漬けにするとして批判されてきましたが、時価会計は評価益を計上しながら、実は含み損をつくる会計なのです。ちょっと考えただけで詐欺的としかいいようがないでしょう。

「株は、少しずつ売れば、時価で売れる。だから、含み益は実現可能だ」という人もいます。その限りにおいては正しいかもしれません。しかし、期末に時価評価するということは、「次期になってから少しずつ売れば実現できる利益」を、前期末に前倒しで計上することになります。毎期の利益を計算する会計では、その年に稼いだ利益を計算するのであって、次の年に稼ぐ利益まで計上するようなことはしません。

次期以降の利益を当期に計上する——。エンロンがこの手で利益をひねり出した挙句に倒産したことを思い出して欲しいですね。

第四章　錬金術に毒されたアメリカ型資本主義

「こつこつ稼ぐ」から「ゼロからひねり出す」へ

時価会計は、現代の錬金術です。ハリー・ポッターに出てくる、鉄でもガラスでもゴールドに変える「賢者の石」であり、会計の世界では、「損」を「益」に変えたり、ありもしない利益を生み出したりする「魔法の杖」でもあるのです。

その錬金術に頼っているのが、アメリカ型の資本主義の本質であり、それがエンロンやワールドコムが破綻した背景にあります。

では、十六世紀ならぬ、二十一世紀の錬金術の世界にご案内しましょう。

企業経営の目的は、「利益を稼ぐこと」「儲けること」です。

それは古今東西、不変の真実かと思っていましたが、今では、「企業経営の目的は利益であった」、と過去形で書いたほうがよい時代になったように思えます。特にアメリカ企業にとって利益とは、今や「目的」ではなく、「手段」でしかありません。株価を吊り上げ、経営者の報酬を大きくする手段です。

会社の利益と、株価や経営者報酬がどうつながっているのでしょうか。

株に投資する者は、投資した額（株価）が元手であり、配当がそのリターン（投資の報酬）です。会社の利益が大きいと、投資家は大きな配当が得られると期待するので、その会社の株は買われ、株価は次第に上昇します。投資家は、大きな配当を受け取ることもできるし、株価が上昇した段階で売却して売却益を手に入れることもできます。そこで株主は、経営者に「株価を上昇させたら高額の報酬を出す」ことを約束するのです。

その報酬は、最近は現金ではありません。ストック・オプションという形をとっています。ストック・オプションとは、将来、自社の株価が予定した水準まで上がると、会社から高くなった株を安い値段で買い取ることができる権利（オプション）です。差額が経営者に対する報酬となります。この権利を従業員に与える会社もあります。

経営者や従業員は、この権利を手にすると、自社株が値上がりするように一生懸命働きます。「馬の鼻先にニンジン」です。

アメリカ企業は、経営者に支払う報酬や給与の代わりにこのストック・オプションをよく使います。株主も、株価が高くなれば株を売って売却益（キャピタル・ゲイン）を手にすることができますから、株価が上がることを歓迎します。ストック・オプションと高株価経営が結びついて、「利益が手段」の経営が誕生したのです。

アメリカの経営者は、報酬の多いことが有能の証拠とされ、しばしば、より高額の報酬を出す企業に移籍します。英米では、勤務先や職業を変える人のことをローリング・ストーン（転がる石）といいます。腰が落ち着かない人も指すようですが、次々にポストを変えて成功する人のこともいうようです。株主は、高額の報酬を支払ってでも経営成績を向上させ株価を引き上げてくれる、有能なローリング・ストーンを歓迎します。そのために、優秀な経営者の報酬はうなぎ登りに上がり、天井知らずとなったのです。

最近のデータで見ても、アメリカの経営者の報酬は巨額です。『フォーブス（日本版）』二〇〇二年八月号によりますと、この一年間における大企業の経営者報酬は、平均で一二億五〇〇〇万円、トップは、オラクル（コンピュータ）を率いるラリー・J・エリソンで、年間九一八億円、二位は、デル・コンピュータのマイケル・S・デルで、二六一億円という、途方もない金額です。日本の経営者（上場会社）の平均所得が三〇

○○万円かそこらというのとは、雲泥の差です。

経営者の報酬が異常なほど高額になるにつれて、いろいろな摩擦や社会問題が生じてきました。高額の報酬を受け取るのは、決って、白人です。会社に勤めて労働しているのは、白人だけではなく、多種多様な人種の人たちです。同じ時間、同じ職場で汗を流して、一方は、一年かそこらで、一生遊んでも使い切れないほどの報酬を手にし、もう一方は、老後の心配をしながら、給与の一部を個人年金として貯めているのです。

今では、政治の世界でも経済の世界でも、アメリカン・ドリームは白人社会だけの話になりました。しかし、一部の白人が手にする異常に高額な報酬も、他の白人や有色人種の労働によってもたらされるものです。これを放置すれば、いずれアメリカの社会・政治を揺さぶるような大きな問題になることは明白です。

証券市場の監視役であるＳＥＣ（米国証券取引委員会）は、報酬の高額化を抑制しようとして、個々の経営者の報酬を開示させることにしました。

しかし、一年かそこら働いて、一生遊んでも使い切れないほどの報酬を手にしてきた経営者は、その高額の報酬が開示されることを嫌いました。理由は、少なくとも二つあります。一つは税金です。もう一つは、高額所得者の家族の誘拐や、豪邸を狙った押し込み強盗です。毎年数十億円もの所得があることがわかると、経営者の家族、多くの場合は子供を誘拐して巨額の身代金を取ろうとする犯罪が多発します。身代金の受け渡しを渋ったり失敗したりすれば、間違いなく子供は殺されます。

こうした事態を避けるためにも、経営者は、当面の報酬を少なくして、将来手に入れる報酬を高くする手段として、ストック・オプションを使うようになったのです。

よく知られていることですが、アメリカの投資家は、ROE《アールオーイー》（株主資本利益率）という「ものさし」を使って投資先を決めます。ROEは、利益を株主資本で割って計算します。銀行預金にたとえれば、「株主資本」が元本で「利益」が預金利息です。一〇〇万円を一年間銀行に預けて、何円の利息を受け取れるかをパーセントで表したものと同じです。アメリカでは、このROEが高いと株価も上昇しました。

ROEを高くするには、分母の「株主資本」を小さくするか、分子の「利益」を大きくすればよいのです。アメリカでは、分母を小さくする（大きくしない）ために、投資を抑制し、事業拡大を手控えるようになりました。さらに、利益を生まない事業部門を売却したり、研究所を解散したりして、企業規模を縮小してきました。一方で、分子を増大させるために、リストラによって従業員を解雇し人件費を浮かせ、浮いた資金で自社株を購入・消却してさらに分母の資本を減少させたのです。「ダウンサイジング」と呼ばれる経営戦略です。

アメリカ企業は、「ROE経営」とそれを支える「ダウンサイジング」によって「成長」を演出してきました。しかし、演出を過剰にすればするほど、アメリカの事業は次第に「縮小均衡」に陥り、「高成長」といっても、規模の話ではなく「比率（ROE）」だけの話になってしまったのです。アメリカの産業が次第に縮小・空洞化してきた原因は、産業資本主義を忘れた、ROE至上主義にあるのです。

こうしたことを背景にして、この国では、ストック・オプションと「高株価経営」が大流行し、利益が「目的」ではなく、経営の「手段」と化したのです。

利益を稼ぐことが経営の目的であった時代には、経営者は「確実な利益」「分配可能な利益」「毎期経常的に手にすることができる利益」を目的にしました。そうした時代には、会計も、確実な利益、分配可能（処分可能）な利益を計算するために、資産の評価には原価評価（原価会計）を適用して評価益の計上を認めませんでした。また、計上する利益は、実現のテスト（利益が生じていて、それがキャッシュ・フローによって裏付けられていることを確認すること）を適用してきました。しかし、そうした確実な利益を追っていては間に合わなくなったのです。

高い収益率（ROE）を演出して株価を上昇させるために、アメリカ企業は、デリバティブを使ったり、未実現の利益を計上したり、将来利益を時価評価（前倒し）したり、費用を先送りしたりして、何が何でも利益の額を嵩上げしようとし始めたのです。このように、「利益をつくる」ことが目的である場合、時価会計ほど便利なものはありません。

今、わが国企業が、アメリカ企業の「成長神話」に踊らされて、ROE経営、株主重視経営を目指しています。「（資産を）持たざる経営」とか「アウトソーシング（外部委託）」が流行し、聖域であったはずの人件費にまで手を出して利益を確保しようとしているのです。工場を海外へ移転したり、海外工場を新設する動きも活発です。

人件費の削減とアウトソーシングは、コスト減少になり、一時的には収益の改善になりますが、スタッフの減少、残業の減少、労働意欲の減退、専門知識のない派遣社員などによる人数合わせ、海外移転に伴う国内産業の空洞化などが原因となって、長期的には収益の悪化要因となります。マクロ的にも、雇用が破壊され消費が鈍化するために、マクロ経済の回復を遅らせるのです（伊東光晴著『「経済政策」はこれでよいか——現代経済と金融危機』岩波書店、一九九九年、九七頁参照）。日本の企業は、アメリカから学ぶべきメッセージを取り違えているのではないでしょうか。

デリバティブ・スプリング・フィーバー

日本には、「デリバティブ・スプリング・フィーバー」という現象があるそうです。毎年、桜の季節になると、「利益先取り」「損失先送り」の金融商品が飛ぶように売れるのだそうです。高杉良さんの『小説　ザ・外資』（光文社）にも、幸田真音さんの『凜《りん》冽《れつ》の宙《そら》』（小学館）にも、そうした「利益先取り・損失先送り商品」の話がたびたび出てきます。時価会計を悪用したデリバティブです。エンロンは、これを使って急成長し、そして破綻しました。

モルガン・スタンレー証券でデリバティブを担当していたパートノイ（現・サンディ

エゴ大学教授）は、決算期を迎えた日本企業はデリバティブ・ビジネスにおける上得意客だとして、次のようにいっています。ここでビジネスをするのは、アメリカでデリバティブを開発・販売しているモルガン・スタンレーのような金融機関です。

「日本の会計年度は3月31日に終わるが、クライアントたち（日本企業のこと）は2月のある時期にいつも、その1年間にこうむった損失を取り返そうとする。そして最後の瞬間の利益を生み出すため急襲をかけるとき、いつもデリバティブ・フィーバーに捕われるのだ。投資家（日本企業のこと）の中には単に、もしも当たれば損を帳消しにできるだろうと、大きな賭けを張るものもいる。また、帳簿の手品を使って前年の損失を次の年にまわし、不成績を隠そうとするものもいる。」（フランク・パートノイ著、森下賢一訳『大破局（フィアスコ）』徳間書店、一九九八年、一八三―一八四頁）

これまで、日本の企業は、有価証券の含みを使って、利益の平準化や損失の穴埋めをしてきました。時価会計基準などの導入によって、そうした益出しや損失隠しがしづらくなってきました（できなくなったわけではありません。ただ、手数がかかるようになっただけです）。また、有価証券の含み益が底をついた企業も多いようです。となると、今後は、ますます、デリバティブを使った益出しや損失隠しが横行する可能性が高くなるでしょう。なにせ、「デリバティブだけが魔法のように悪い年を良い年に変えることができる」（同上、一九〇頁）のですから。

「金の壺」の話をご存知ですか。パートノイの『大破局（フィアスコ）』を読まれた方なら、すぐに、あの話かと気づくと思います。日本では、まだ時価会計基準が公表される前、つまり、原価会計の時代の話です。

原価会計を悪用すれば、簡単に当期の利益をひねり出すことができることを説明するために、パートノイが作った話です。今年、利益を出したら、何年かあとに、それ相応の損失を出さねばならなくなるという、今年にとっては錬金術、次年度以降にとっては悪魔的な益出しの方法です。「デリバティブの素」となる手法といってよいでしょう。

右半分が金でできていて、左半分が錫でできている壺を、一〇〇万円で買ったとしましょう。金でできている部分の価値は九九万円で、錫でできている部分は一万円だとします。この壺を半分に割って、金の部分を売るのです。売値は九九万円です。原価会計を使えば、一〇〇万円の壺を半分に割って売ったのですから、売った部分の原価は一〇〇万円の半分、五〇万円だと主張することができます。これで、当期に、売却益の四九万円を計上することができるわけです。

ただし、次期には、錫だけの部分を売却しても、一万円でしか売れません。原価が五〇万円ですから、次期以降に売れば、四九万円の損失を計上しなければなりません。しかし、うまいことに、壺の片割れを売らずにおけば損失は表に出さなくて済むのです。原価会計なのですから。

こんな単純なトリックでは、会計士や監督当局に見抜かれてしまうでしょう。そこで、「より複雑な方法を——会計士や監督当局も簡単にその実際の価値を発見できないような非常に複雑な『半分』を使って組み立てることが必要」(同上、二九六頁)になり、日本企業は、デリバティブに目を向けたのだ、とパートノイはいうのです。その結果、

「今、東京では、モルガン・スタンレーの日本のクライアントたちは、歴然たる詐欺を働いているようだ」（同上、二九二頁）といいます。

幸田真音さんの『凜冽の宙』の中にも、「利益先取り商品」としてのオプション取引がでてきます。オプションを使ってレバレッジ（梃子《てこ》）を効かせてあるので、時価で評価すると当期に大きな利益を計上できるというものです。しかし、この取引は、満期がくる十五年後までリスクを先送りするもので、その途中で金利が上昇でもすれば巨額の損失が生まれるのです。作品の中では、外資がこうした「利益先取り」商品を、弱りきった邦銀に売りつけています。時価会計の世界では、「利益先取り」や「損失先送り」デリバティブが経営不振や累積赤字の会社にとって、起死回生の妙薬になりそうです。都合のいいことに、監督官庁にも監査人にもばれないのです。

こうした複雑なデリバティブを開発するには、ロケット・サイエンティスト並の頭脳を必要とするといわれています。そんな超人的な頭脳を持った人たちが、練りに練ってネタを仕込んだものを、本人以外の誰が理解できるでしょうか。それを理解できるとすれば、同じような超人的頭脳を持った同業者しかいません。パートノイは、相対《あいたい》でする店頭デリバティブなどは、「投資銀行のデリバティブ・グループで働いていないかぎり……情報を見つけることは絶対に不可能」（同上、二一九頁）だと、断言しています。

手品師は、他の手品師のネタをばらすようなことはしないものです。自分もそれを飯の種にしているのですから、それをばらしたら自分の首を絞めることになります。デリバティブの開発者も同じです。となると、相対のデリバティブは、外部者が実態を把握することなどできるわけがないのです。

多くの経営者は、「そういうリスクの高いデリバティブは手がけていません」といいます。しかし、デリバティブは、「魔法のように悪い年を良い年に変えることができる」力を持っています。せっぱ詰まった企業は、「起死回生の妙薬」として売り込まれれば、大いに心動かされるでしょう。毎年、春になると、東京に「デリバティブ・スプリング・フィーバー」が起こっているのだとすれば、決算対策のために「利益を先取り」したり「損失を先送り」するデリバティブに手を出す会社が跡を絶たず、近い将来にその時限爆弾が爆発する可能性は大いにあるのです。

このようなデリバティブについて、時価評価する基準を作ろうというのは、暴走族を取り締まるための信号システムを作るようなものではないでしょうか。どんなに厳しい信号システム（会計基準）を作っても、暴走族（デリバティブの開発者）にとっては、そんなものは無視すればいいだけで、痛くも痒くもないでしょう。無視するどころか、デリバティブの開発者ならば、ルールを逆手にとったり、不備をつく商品を開発することなど、簡単なことでしょう。

ならば、いったい、デリバティブを、誰が、どうやって時価評価すればよいのでしょうか。監査をしようにも、会計士はそうした教育を受けていません。仮に、デリバティブに関する教育を受けていたとしても、ロケット・サイエンティスト並の頭脳を持った人たちが複雑かつ巧妙なネタをたっぷりと仕込んだ商品のからくりを見抜くことなどできるのでしょうか。

証券会社のプロに聞きますと、社債の評価でも、証券会社で十年はその道の仕事をしてもらわないと、とても無理だといいます。しかも、直感と将来に関する洞察が支配する世界といわれ、評価する人や会社によって、大きく金額が変わるものです。とても素人には手が出ない話です。

デリバティブともなると、株や社債とは比べものにならないくらい複雑（怪奇！）です。時価を算定するのはきわめて困難です。では、どうすればよいのでしょう。

現実には、「店頭デリバティブや仕組債等で独自性の強いものについては、時価を『取引先以外の業者より取得』することは難しい」といわれ、「市場価格のない金融商品においては、原則として業者が提示した価額が会計上の時価として用いられるケースが多くなっている」（大和証券ＳＢＣＭ・大和総研『時価会計制度に関する意識調査』二〇〇〇年、一二頁）といいます。

「どの程度適正な時価評価が担保されるか」は、「業者がどの程度適正な時価を提供するかにかかっている」（同上）というのです。要するに、第三者が客観的に評価することはできないということです。

もしも、業者が詐欺師だったら、当面はこちらが希望するような時価を提示してくれるかもしれませんが、いつか時限爆弾が炸裂するように、巨額の損失が表面化することになるでしょう。

会計帳簿の料理法

デリバティブが「利益をつくる」現代の錬金術だという話を紹介しました。利益を「つくる」のは、デリバティブだけではありません。以下、「利益をつくる」手口をいくつか紹介します。いずれも、アメリカで開発された手口ですが、日本の企業がまねていないという保証はありません。

英米では、会計帳簿を操作することを「料理する（cook）」といいます。それがひどくなると、「こんがり焼く（roast）」となります。ちなみに、自然科学の世界では、得られた実験結果に手を加えることを「数字をマッサージする」というのだそうです。どちらも、言い得て妙です。

ワールドコムは馬鹿でかい鍋で帳簿を「料理」したようですが、エンロンなどは、「こんがり焼く」といったレベルに収まらず、さしずめ「(元も子もなくなるほど）焼き尽くす（burn)」といったところでしょうか。

ウォール・ストリート・ジャーナル紙はエンロンの会計を「ブラック・ボックス会計」と呼びました。理由は、少なくとも三つあります。一つ目は、エンロンが三五〇〇社もの子会社（特別目的会社：ＳＰＥ）を使って、ブラック・ボックスに蓋をしたこと。二つ目は、エンロンの利益をひねり出し損失を先送りする手を編み出したアンダーセン会計事務所が、証拠書類をシュレッダーにかけてしまったこと。そして三つ目は、多くの論者が推測するように、事が明るみに出るとブッシュ政権が崩壊しかねなかったことです（奥村宏著『エンロンの衝撃――株式会社の危機』ＮＴＴ出版、二〇〇二年、一五頁参照）。タイミングよくワールドコム事件（二〇〇二年七月、三二八億ドルの負債を抱えて破綻）が表面化しましたが、あれは目くらましだったのかもしれません。

料理法①「利益ひねり出し」の手口

二〇〇二年一月、アメリカの光通信ファイバー網の大手だったグローバル・クロッシングは、一二四億ドルの負債を抱えて破綻しました。同社が会計帳簿の「料理」に使ったのは、何と、落語に出てくる「花見酒」と同じ手口でした。

落語の世界では、熊さんと八っつぁんが花見の客に酒を高く売って儲けようとします。道々、熊さんは八っつぁんに金を払って酒を買い、八っつぁんも熊さんからもらった金で酒を買って売り物の酒を全部飲んでしまいます。グローバル社も、熊さんたちと一緒で、同業他社との間で「花見酒」を売り買いしたのです。

アメリカの光ファイバー網は九〇年代末から五倍、通信容量は数百倍に膨らみましたが、需要は四倍程度にしか伸びませんでした。この国の光ファイバー網は、現在、稼働率が五％以下だといわれています。需要の二十倍もの設備を作ったということです。

グローバル・クロッシングやワールドコムも含めて、通信会社は過剰な設備投資のツケをどこかで払わなければならなかったのです。そこで考え出されたのが、ネットワークの空き容量を同業他社に売るという手でした。もちろん、同業他社も膨大な空き容量を持って苦しんでいます。自分だけが売るというわけにはいきません。

解決策は、A社が空き容量をB社に売り、売った代金でB社の空き容量を買うという手です。売れば収益が出ます。買ったネットワークは買値（原価）でバランス・シートに載せておくのです。お互いの利害は一致していますから、互いに言い値で取引したはずです。この手を使えば、困っている同業者がいる限り、どんな商品でも利益をひねり出せます。

グローバル社は、巧妙にも、ネットワークの空き容量の利用権を二十年契約で販売しました。ネットワークという設備そのものを売ってしまえば資産は減りますが、利用する権利だけを売って使用料を受け取るのですから、ネットワークという資産自体をバランス・シートに残したまま、向こう二十年分の利用料を売上げとして前倒しで計上できるのです。

二十年先までの空き容量を売ってしまうと、次の年には売るものがありません。そこで、この業界では、空いていなくても、つまり、自社で使っている容量までも相互に売買する手も使っています。

しかし、この手口はいつまでも続けることはできません。利用権を売って得た代金は、売却先から同規模の利用権を買う資金に充てなければならず、いくら利益を計上しても、手元に残る現金はないからです。

料理法②「利益先取り会計」の手口

エンロンのドル箱は、石油・天然ガス・電力の先物販売でした。エンロンは、電力会社や工場などと、何か月か先に石油・ガスを決まった値段で供給する契約を結んだのです。エンロンは、さらにこの先物契約の権利を売買する市場を作り、自ら売買して利益を増やしていきました。

石油・ガスの先物も、先物契約の権利を売買するのも、商品が「エネルギー」というだけで、実質は株や債券の売買と同じです。株や債券はＳＥＣ（証券市場の番人といわれる）による厳しい監視や不正に対する罰則がありましたが、エネルギーの先物取引は、巨額の政治献金が功を奏してＳＥＣの規制は進まなかったのです。

エンロンは、先物の契約が取れた時点で利益を計上していました。契約を「時価評価」したのです。もともと利益が上がることを予想して契約をするのですから、契約時に時価で評価すれば利益を出すことができます。エンロンは、この将来において手に入ると「皮算用」した利益を、契約した年の利益として計上してきたのです。

しかし、石油やガスの価格は大きく変動します。相場が予想の逆に動けば損失が出るでしょう。エンロンは損失が出たら、それを三五〇〇社もあった子会社（ＳＰＥ）に付け替え、しかも、その損失を子会社間でひんぱんに移動して、外部からはわからなくしていたのです。

エンロンは、日本に上陸する準備も進めていました。日本中に発電基地を作って安い電力を確保し、それを同社の日本法人、エンロン・ジャパンが売るという計画を立てていたのです。エンロン・ジャパンは、自社と契約すれば、日本の電力利用者が東京電力などの既存電力会社に支払っている電力料金の一〇％をリベートとして事前に支払うという条件で顧客を集めていました。

エンロンは、ここでもきっと契約を交わした段階で利益を計上するつもりだったのではないでしょうか。三年の期間で電力供給契約を結べば、契約した年に三年分の利益を前倒しで計上したに違いありません。


以上に紹介した①も②も、「利益の時価評価」ともいうべき会計手法です。所有している資産を時価で評価するにとどまらず、利益までも時価評価して、将来の利益を前倒しで計上したのです。

料理法③「損失先送り会計」の手口

ワールドコムの不正は、手口としてはきわめて単純なものでした。本当ならその期に費用とするものを無形資産に付け替えていただけです。あまりにも単純過ぎて、会計士が入れ知恵したとはとても思えません。

しかし、三二八億ドル（一ドル一二〇円として四兆円弱）という、同社を倒産にまで追い込んだ金額の大きさから考えますと、監査を担当した会計士が気づかなかったというのも、にわかには信じられません。ワールドコムは企業買収を繰り返していたために、その実態がわかりにくくなっていたようです。手口が単純ながらも、なかなか発覚しなかったのはそのせいかもしれません。

報道によれば、通信網の維持費などの関連費用が、売上高の四二％を超えていたにもかかわらず、それを自動的に「資産」として処理していたのです。そうすることによって、同じ額だけ利益を水増しししていたのです。

エンロン事件でにわかに注目を浴びたストック・オプションも、「費用先送り」会計の手口です。ストック・オプションは、前に書きましたように、将来自社の株が値上がりした場合に、会社から安い価格で株を買い取る権利（オプション）です。

アメリカ企業は、これを経営者報酬や給与の代わりに使っています。株価が予定した水準まで上がりますと、会社は高い株を安い値段で引き渡さなければなりません。この差額は、本質的には、ストック・オプションを付与した期間の給与です。しかし、アメリカ企業は、オプションが行使される年まで、これを費用として計上していません。「費用の先送り」です。先送りされた分だけ、その期の利益は水増しされます。

以上に紹介した「利益先取り会計」「損失先送り会計」は、損益計算書を美化する効果はありますが、落とし穴はキャッシュ・フローがついてこないということです。いくら利益を計上できても、それに見合うキャッシュ・フローがなければ、いつかは破綻することを誰もが知っていたはずです。

「V字回復」の会計手法

アメリカの会計は「利益先取り」とか「損失先送り」といった利益の水増しばかりではありません。「損失先取り」会計もあります。その典型例が「減損会計」です。これは、土地などの不動産に生じた損失を計上しようというもので、日本でも二〇〇六年から実施することになっています。しかし、アメリカの場合は、日本の減損会計とはまるで事情が違うのです。

アメリカの「損失先取り会計」は、当期と次期の損益を付け替えることによって「V字回復」を演出しようというものです。

今年の利益が三〇で次期の利益も三〇だとしますと、二年通算の利益は六〇です。それを今年は二五、来年は三五になるように操作しても大きな犯罪ではないのかもしれません。むしろ、保守主義にのっとった健全な会計として歓迎されるかもしれません。

では、今年の利益はゼロで、次期の利益は六〇となるような操作はどうでしょうか。もう少し極端に、今年は二〇の損失で次期の利益を八〇とするとどうなりますか。いずれも二年間を通算しますと、六〇の利益です。

アメリカの経営者は、しばしばこの手を悪用します。例えば、経営者が交代したとき、会社の資産に巨額の評価損を計上して交代期の損益を赤字にしてしまうのです。本当は一〇〇万ドルの価値のある不動産を三〇万ドルと評価して、七〇万ドルの損失を計上したとします。そのために、その期は最終的に五〇万ドルの赤字になったとします。その期の経営成績は前任者の成績ですから、新しい経営者にしてみれば赤字の責任はありません。そして、次期になってから、その不動産（三〇万ドルに評価減されていたことを忘れないでください）を、その価値のとおり一〇〇万ドルで売却するのです。

これで、次期には何もしないでも七〇万ドルの利益が出ます。五〇万ドルの赤字会社が七〇万ドルの黒字会社に、劇的に「V字回復」するのです。

これがアメリカで流行した「減損会計」でした。アメリカでも減損会計基準が作られましたが、日本と違って、投資家をだますような減損会計をやめさせるために作られた基準です。

V字回復を演じるために、「ビッグバス会計」という手も使われています。「大きな風呂に入ってありとあらゆるアカを洗い落とす」という意味から生れた言葉です。

この手も、経営者が交代するときや経営者の報酬を利益額や株価とリンクさせる契約を結んだときに使われます。

経営者が交代したときには次期の利益を大きくしたいという誘惑があることは書きま

した。経営者の報酬を利益の額とリンクさせるというのは、年間の利益が一定水準（例えば資本の一〇%）を超えたときは、利益の一定額（例えば利益の五%）を成功報酬として支払うといったケースです。ただし、通常、成功報酬は一〇〇万ドルを上限とするといった条件がつけられます。

こうした契約があれば、経営者は、利益が最低水準（これ以下だと成功報酬はない）と最高水準（これを超えても成功報酬は一〇〇万ドルに押さえられる）の間にあるときは最高額に近づけようとするでしょうが、もしも、最低水準を満たしそうもないときにはどうするでしょうか。ここで使われるのが、ビッグバス会計なのです。どうせ今期は、最低水準すら超えられないのですから、成功報酬はもらえません。それなら、次期には最高額の一〇〇万ドルが手に入るようにしたいものです。

そこで、今期に、費用でも損失でも計上できるものは何でも目いっぱい計上するのです。引当金を多めに設定し、棚卸資産（在庫）の評価損を多めに計上し、退職給付や減価償却の費用を水増し計上し、無形資産の会計処理や企業買収の会計処理をとおして、今期に最大限の損失を計上しておくのです。そうして、次期になってから、それらの損失を修正して利益に戻し入れるのです。

アメリカでは、成長が止まった会社も、経営が不振に陥った会社も、こうした「ビッグバス会計」や「減損会計」の手でV字回復しました。実は、この手でV字回復した会社は、日本にもたくさんあります。

ギャンブラーの会計

なぜアメリカの会計は、こんなにインチキくさいものになったのでしょうか。

アメリカの企業は、四半期（三か月）ごとの短期的目標によって経営され、成果も四半期ごとに計算・報告されています。つまり、四半期ごとに何らかの成果を必ず上げることが求められるため、短期的な経営が行なわれるようになってきたのです。株価も、四半期ごとの成果を反映して上がったり下がったりします。

株価に敏感に反応する経営をするには、四半期ごとにグッド・ニュースかサプライズを報告しなければなりません。投資家も、四半期ごとの利益額やROEを見て株を買ったり売ったりします。アメリカの投資家は、次第に短期的な投資観しかもたなくなり、アメリカの経営者はそうした近視眼的な投資家の情報ニーズに合わせて会計報告をするようになったのです。

その結果、企業は、株主が喜ぶような成果を出そうとして、わずか三か月で成果の出る取引やギャンブルを好むようになってきたのです。

わずか四半期（三か月）かそこらでは、本業の利益（営業活動の利益）が大きく変動することはありません。短期的に変わるとすれば、財産の価値、特に、価格変動にさらされている金融商品やデリバティブの価値です。かくして、資産を時価で評価する会計（時価会計）はアメリカの経営者にとって守護神となったのです。

アメリカの企業がさかんにM＆A（合併や買収）をやるのも、デリバティブに手を出すのも、ギャンブルまがいの取引を繰り返すのも、先に紹介した先物取引や光ファイバー網の相互売買というインチキ取引をでっち上げるのも、すべて時価を使って短期的に利益を「ひねり出せる」からです。

いまやアメリカの四半期報告でもっとも重視されるのは、短期的利益が多いか少ないかです。ここでは、堅実に利益を稼ぐことが重要なのではなく、利益額を大きく報告することが重要なのです。

最近、アメリカでは「当期純利益」をやめて、「包括利益」というものを報告するようになってきました。包括利益というのは、利益として報告できるものなら何でもかんでも、つまり、利益として確実かどうか処分可能かどうかを問わず、キャッシュ・フローの裏付けがあるかどうかも問わず、何でもかんでも利益に含めてしまうものです。「利益をつくる」「株価を上げる」「ROEを高める」ことができるのであれば「何でもあり」ということでしょうか。

そうしたことを考えますと、今のアメリカは、経営者も投資家もギャンブラーです。エンロンもワールドコムも、こうした投資家の欲望と経営者の思惑が一つになって生み出した「虚構の世界」に過ぎません。利益がつくられ、つくられた利益に株価が反応し、実体のない株価でストック・オプションが行使されるのです。これは、会計を使った犯罪としかいいようがありません。

白人社会の犯罪

アメリカの会計がここまで腐敗したのは、「ギャンブラー会計」のせいだけではありません。私には、より根本的な原因があると思うのです。ベトナム戦争あたりを境にしてでしょうか、この国が順法精神と倫理観を失い始めたような気がするのです。高邁な理想とか世界観を見失ったのかもしれません。

この国は、コモンロー（英米法）の国といわれながらも、現実は法至上主義です。弁護士が毎年二万人も誕生することが、そのことを雄弁に物語っています。

会計に関していいますと、ＳＥＣが通達を出し、ＦＡＳＢ（財務会計基準審議会）が財務会計基準を作り、ありとあらゆることをルール化します。そうした世界では、とかく、ルールブックに書いていないことは自由にやってよい、書いてあることであっても、法の文言（字面）に触れなければよい、という風潮を生みがちです。それが度を越したために、エンロンを生み、アンダーセンを生んだのではないでしょうか。

かつてアメリカでは、キリスト教の、その中でもプロテスタントの非常に厳しい倫理が強く働き、不正に対する抑止力として機能してきました。会計や監査というのは、経営者の間にそうした倫理観やインテグリティ（高潔さ）が働いていることを前提にしている世界なのです。

しかし、今のアメリカを見ていますと、そうした宗教観もそれに裏付けられた倫理観も失ったかのようです。企業不正も会計不正も、決って白人社会の犯罪だということも問題です。彼らは、世界のリーダーたる気概を失い、「神をも畏れない」不遜の輩と化したのでしょうか。情けないことに、会計学も会計士も、不正の抑止力として役に立たなかったどころか、「不正を手助けする道具」に成り下がってしまいました。

私は法学者でも宗教家でもありませんから、これ以上のことは書きませんが、最後にアメリカの会計を評するならば、今のアメリカ会計は、決して、健全な投資家、中・長期的な株式保有者のための用具とはなっていません。グローバル・スタンダードの実態は、「ギャンブラーのための会計」だったのです。

それがアメリカの投資文化であり会計観だといってしまえば、それはそれで済む話なのかもしれませんが、決して日本が、いや世界が目指すべきグローバル・スタンダードではないことは確かです。

第五章　時価会計の破壊力

シンデレラのバランス・シート

ここまで、時価会計の正体を一つ一つ明らかにしてきました。その過程で、いくら時価会計基準を導入しても、商法の規定によって骨抜きにされているということを書きましたが、もう一つ、なんとも不思議なことがあります。実は、わが国の時価会計は「一日限りの時価会計」であり、残りの三百六十四日は「原価会計」だということです。いったいこれは、どういうことなのでしょうか。

わが国の銀行や事業会社が保有する有価証券は、ほとんどが「その他有価証券(長期保有)」に分類されています。その多くが、昔から所有している株式(持ち合い株)か、バブル期に取得したものです。昔から所有している株には巨額の含み益があり、バブル期に取得したものには巨額の含み損があります。

「その他有価証券」は、時価評価された後、「洗い替え」という処理が行なわれます。「洗い替え」というのは、三月三十一日に時価評価して計上した評価損益を、翌日の四月一日に取り消す処理をいいます。

洗い替え処理（洗い替え法）は「売買目的有価証券」には適用されず、「その他有価証券」だけに適用されます。「その他有価証券」を期末（三月三十一日）に時価評価して含み損益をバランス・シートの資本の部に計上しても、次期の期首（四月一日）にそれを取り消して、バランス・シートを元の原価に戻して作成するのです。

そうすると、時価で作成されるバランス・シートは、有効期間は三月三十一日だけということになります。一年決算の場合、翌日からの三百六十四日は原価で作ったバランス・シートが有効とされるのです。この処理によってどのようなことが起こるのかといえば、たった一日の有効期限しかないバランス・シートで、企業が債務超過かどうかを判定し、銀行がＢＩＳ基準を達成しているかどうかを判断するということです。後の三百六十四日がどうなのかは問わないのです。

シンデレラは夜中の十二時に、「ガラスの靴」を落としていきましたが、時価会計は夜の十二時に、債務超過やＢＩＳ基準不達成といった、「恐怖の落とし物」を残したまま原価会計に戻るのです。

三月三十一日に債務超過と判定されても、翌日になれば債務超過でなくなります。三月三十一日は破綻状態で、その夜の十二時を回ると生き返るというのはどういうことなのでしょうか。これでは、投資家に対して、三月三十一日と四月一日の、どちらのバランス・シートを信用したらよいのか説明ができません。

なぜ、「その他有価証券」の含み損益を「いったん計上させておいて、すぐに取り消す」ような妙な処理（洗い替え法）を使うことにしたのでしょうか、また、どうして評価「損益」といいながら、損益計算書に出さずに、バランス・シートに計上するのでしょうか。

おそらく、企業会計審議会で時価会計基準を設定した人たちは、日本の銀行や事業会社が持つ有価証券を時価評価したときに、日本経済に与える影響があまりにも大きく、まともに時価評価することが「危険極まりないことだ」と認識していたのでしょう。これから挙げる数値を見れば、それも頷けます。それほど時価会計の持つ破壊力は凄まじいからです。

債務超過の恐怖

第一章で、有価証券は大きく三つに分類されるということを書きました。売買目的で短期間だけ保有するもの（売買目的有価証券）、満期まで保有する予定の債券（満期保有有価証券）、それ以外の、主として長期間保有する持ち合い株（その他有価証券）の、三つです（三八―三九頁参照）。

このうち、売買を目的として保有する有価証券は、短期に売買を繰り返しますから、買ったときの原価といってもほとんど最近の価格です。時価とあまり変わりません。時価評価しても、評価損益は大きくなることはないでしょう。この評価損益は、損益計算書に「当期の利益」として報告します。

満期まで保有する予定の債券は、原価でバランス・シートに書くことになっています。債券は、国や会社が、期限を切ってお金を借り入れるために発行する有価証券ですが、満期まで保有していれば、額面のとおり支払ってくれます。そこで、満期まで保有する予定の債券は、途中で時価評価せずに、原価のままにしておくのです。

これ以外の「その他有価証券」は、時価で評価しますが、評価損益の扱いが変則的です。保有する有価証券の中には、含み益があるものもあれば、含み損を抱えているものもあります。これを通算（含み益と含み損を相殺）して、ネットで出てきた評価損益を、損益計算書ではなく、バランス・シートの「資本の部（株主資本）」に記載するのです。

ネットで評価差益となれば資本の部の増加項目になりますし、評価差損となれば資本の部のマイナス項目となります。当然、最近のように株価が下がりっぱなしですと、評価差損が巨額になります。評価差損が資本の部よりも大きくなれば、その会社は債務超過（負債を返済できない状態）と判定されることになるでしょう。

例えば、大手の生命保険会社は相互会社という形態のところが多く、運用資産の大きさに比べて資本の部が小さいという特徴があります。資本の部が最も厚い日本生命でさえ、総資産四四兆円（原価）に対して資本の部は三％、一兆三〇〇〇億円（評価差益を除く）しかありません。保有する有価証券二七兆円（原価）に五％の評価損が発生すれば、ガリバー・日本生命といえども債務超過に陥るのです（金額は二〇〇二年三月）。ただし、日本生命の場合は、二〇〇二年三月末で、二兆八四〇〇億円の有価証券含み益があるので、資本の部と合わせて、四兆円を超えるクッションがあります。株式市場がクラッシュしない限りは自己資本（資本の部）がマイナスになることはないでしょう。

しかし、生命保険会社によっては、大手といえども安泰ではありません。すでに、S&Pとかムーディーズといった格付け機関からＢＢとかＢａ（投機的）以下に格付けされた大手の生命保険会社が数社あります。こうした会社は、すでに有価証券の含みが消え、二〇〇三年三月の決算では、巨額の評価損を出さざるを得ません。資本の部よりも評価差損が大きくて、債務超過と判定される会社が出る可能性は大きくなっています。

もしも、銀行や生命保険会社が債務超過と判断された場合、どうなるでしょうか。まず間違いなく、破綻したものとして監督官庁（金融庁）が営業をストップし、清算か会社更生の手続きが取られるでしょう。実際、すでに債務超過で破綻した金融機関が一六八機関、生保が七社もあります。時価会計を使っていなければ破綻しなかったところも、いくつかあったのではないでしょうか。

一般の事業会社の場合は、債務超過のうわさがたっただけでも、債権者たちはこの会社に対する債権を少しでも回収しようとします。店頭にある商品はもとより、倉庫にある原材料も製品も、事務所にあるパソコン・事務機・いす・机、駐車場のトラックなど、金目のものなら何でも運び出してしまうでしょう。銀行は貸した金を引き上げようとするでしょうし、この会社の株主たちは株券が紙くずになる前に売り逃げようと躍起になるでしょう。

要するに、現在のような大不況やデフレの時期に有価証券の時価評価を続けていると、生保の債務超過や銀行のＢＩＳ基準不達成、一般の事業会社の破綻を招くことは避けられないのです。

先にも述べましたが、日本の大企業の多くは、単独で事業をしているところなど皆無です。子会社、孫会社などでグループを形成し、グループ外のたくさんの業者とも取引をしています。それこそ、「一日限りの時価会計」によって、大企業が一つ破綻するだけで、連鎖倒産に巻き込まれる会社は数え切れないでしょう。それによって、多くの従業員やその家族までもが路頭に迷うことになるかもしれないのです。

時価会計は、まさに、日本経済を立ち直れないほどに破壊する力を持っているのです。

失った四〇二兆円

日本の株価は、この十三年間、ＩＴ（情報技術）バブルで一息ついた時期をのぞけば、下がりっぱなしです。一九八九年十二月に日経平均（東証平均）株価で三万八九一五円を記録してから、政府の総合経済対策、緊急経済対策、財投資金投入、銀行等保有株式取得機構の設立、日銀による銀行保有株の買い取りなど、ありとあらゆる株価対策が打たれてきたにもかかわらず、ずるずると下げ続け、今ではたびたび八〇〇〇円割れを起しています。

こんな状況の時に有価証券の時価評価を強制したら、銀行・生保は巨額の評価損を出さざるを得ないでしょう。一般の事業会社でも、バブル期にエクイティ・ファイナンス（株式発行による資金調達）を活用して集めた資金を財テクに回した企業は大変です。何年分もの本業の利益（営業利益）を吹き飛ばすくらい巨額の評価損が出る会社も少なくないはずです。

ここで、一九九六年三月に有価証券の時価評価が実施されていたとしたら、翌一九九七年三月期の企業の決算はどうなっていたかを試算してみましょう。一九九六年を選んだのは、この年に、旧大蔵省の企業会計審議会が時価会計の基準を審議していたからです。審議の過程で、当然、時価会計が企業の決算に及ぼす影響が検討されていたに違いありません。

例えば、九六年三月期における富士銀行（当時）の有価証券含み益は九八〇五億円でした（金額は『日経会社情報』によります。以下、同じ）。一年後の含み益は六二七三億円（六四％）も減少して、三五三二億円になりました。同行の九七年三月期の経常利益は三一二億円でした。もしも九六年に時価会計が適用されていたら、計算上、富士銀行は九七年に、経常利益の二十年分の損失を出さざるを得なかったことになります。

同様に、日本水産の九六年三月期の有価証券含み益は一三七〇億円で、九七年は六九四億円減の六七六億円でした。九七年の経常利益が二五億円。もし時価評価を実施していたら、同社は九七年に、経常利益の二十八年分に相当する損失を計上しなければならなかったのです。その後、株価はまったく回復していませんから、同社はその後の二十八年間、「利益なき経営」を強いられていたかもしれないのです。

こうした例は、けっしてレア・ケースではありません。同じ計算をすれば、日立製作所で五・七年分の利益が消え、日産自動車で二・七年分、旧住友銀行で九年分の利益が吹き飛んでいたのです。こんな状況では、まともな決算ができません。かなりの数の企業では、本業の利益（営業利益）が吹き飛び、評価損を補塡する財源がなければ資本に食い込み、最悪の場合は、債務超過に陥る企業が続発したかもしれません。

個々の企業の、しかも一年分のデータだけを見てもこれだけ巨額の損失が予想されました。では、日本全体では、どのくらいの損失が生まれるのでしょうか。

株式を上場している会社であれば、その会社を市場がどのように評価しているかを知るために「時価総額」を計算することがあります。その会社の株価に、会社が発行している株式数を掛けて求めます。会社をまるまる買い取るとすれば、いくら必要なのかというのが「時価総額」です。

東証一部上場会社の時価総額合計は、一九八九年（株価がピークの年）当時の六三〇兆円から二〇〇三年三月末の二二八兆円に、実に四〇二兆円も減少しています。小泉首相が就任した二〇〇一年四月から二年弱の間だけで、一五七兆円も減少したのです。もし、一九八九年に時価会計を導入していたら、その後の十三年間で、総額で四〇〇兆円強、年平均で三〇兆円もの評価損を計上しなければならなかったのです。この数字には、二部上場や大阪証券取引所などへの上場株、社債などの評価損は含まれていません。

四〇〇兆円などといっても、すぐにはピンとこないかも知れません。しかしそれは、国民の虎の子を預かる郵便貯金（一九九七年で、二二四兆円）と国民の老後を支える簡易保険の資金（同、一〇〇兆円）に、日本生命の保有資産（同、四〇兆円）、第一生命の保有資産（同、二八兆円）を加えた額に匹敵します。それらがすべて消滅してしまうことを想像してみてください。とてつもなく大きな金額だということがわかると思います。「時価会計が、企業を倒産に追い込む」ということがどういうことか、実感できるのではないでしょうか。

世界的に見ても、状況は日本とさほど変わりません。世界の株式市場は、三年前に三〇・七兆ドル（三七〇〇兆円）という規模でしたが、二〇〇二年末までに一三兆ドル（一五六〇兆円）も時価総額が減少しました。この三年間で四二％の下落です。

こんな状況下で時価会計を採れば、どこの国からも悲鳴が上がりそうですが、実は、国として時価会計の基準を持っているのは、先進国では日本とアメリカだけなのです（向伊知郎著『連結財務諸表の比較可能性』中央経済社、二〇〇三年、二一一頁参照）。

しかも、後の第七章でくわしく述べますが、アメリカには時価会計の基準があっても、会社や銀行は有価証券をほとんど保有しません。対象となる有価証券がない以上、基準がないのと同じです。このままでは、日本だけが時価会計の被爆国になりかねません。

消えた含みでアメリカとイギリスが買える

土地の話もしておきます。わが国の土地は、一九九〇年には時価総額で二四六四兆円でした。それが、九年後の一九九九年には一六一二兆円にまで下がっています（国土交通省編『平成十三年版　土地白書』）。この九年間で、八五二兆円も消えてなくなったのです。トヨタ自動車（二〇〇二年の総資産八兆円）並の会社が一〇六社消滅した計算になります。

アメリカ全土の価値が四六七兆円、イギリス全土が一一一兆円といわれています（国土庁編『平成九年版　土地白書』）。有価証券（東証一部株）と土地の含みが消滅していなければ、その含み（一二五四兆円）だけで、アメリカとイギリスを二つずつ買えたことになります。

日本の土地の価格が、面積で二十五倍のアメリカの三・五倍、面積で半分のイギリスの十五倍というのは、おかしいと考えるのが普通ではないでしょうか。

九〇年当時に土地を時価評価していたら、その後八五〇兆円もの評価損を出さなければなりませんでした。土地はいままでは完全な買い手市場になり、地価はこの十年以上、下がりっぱなしです。少子化による需要減少、農地の宅地化、容積率の緩和などによって、地価はまだまだ下がると予想されています。都市部では現に土地余り現象が起きています。

土地は、実際の経済世界では、すでに時価評価されていました。バブル期には、銀行は企業が担保として提供する土地を時価評価して、しかも将来の値上がりを見込んで、掛け目率（時価に対する貸し出しの割合）を通常の六〇％から、一二〇％にまで引き上げて融資したといわれています。この会計制度の外で行なわれた時価評価が主な原因となってバブルが発生し、その後の不良債権を生んだのです。

不良債権の処理は、帳簿上は進んでいますが、実質はほとんど進捗していません。不良債権の担保物件が売れないからです。帳簿上の償却が終わった不良債権は、担保物件を換金して初めて処理が終わるのです。これから担保物件の投げ売りが激しくなるでしょう。

こんなときに企業が保有する土地を時価評価したら、途端に巨額の含み損を抱え込んでしまいます。これまでの含み益を隠したバランス・シートから、巨額の含み損を抱え込んだボロボロのバランス・シートに変わるわけです。

クラッシュ寸前の証券市場

これまで、ありとあらゆる株価対策が取られ、国を挙げての株価操作が続けられてきたにもかかわらず、株価は維持されるどころか、むしろ、下がり続けてきたと述べました。しかし、もっと恐ろしいことも考えられます。政府がＰＬＯ（株価騰貴策）やＰＫＯ（株価維持策）をやめ、日銀が銀行保有株の買い取りをやめ、銀行が取得機構に売らずに市場に放出したらどうなるのかということです。間違いなく日本の証券市場はクラッシュしてしまいます。今の株価は、国や日銀の介入なしでは、底なしに大暴落する危険をはらんでいるのです。

現在、銀行には、保有株を処分しなければならない事情があります。二〇〇一年の「緊急経済対策」において盛り込まれた「銀行等の保有株式制限」です。これにより、銀行は、二〇〇四年九月までに、保有する株式を自己資本の範囲にまで減らさなければならなくなりました。これに伴って「銀行等保有株式取得機構」が作られ、銀行が放出する株の一部を買い取ることになったわけです。この機構は、「銀行業界共有の子会社」ですから、この機構に売るのは、「仮装売却」、つまり「内部取引」と変わりません。

日銀はこともあろうに、銀行が保有する株式を時価で買い取るという、異例の措置にでました。最大三兆円の株を買い取るというのです。こんな奇手は、主要国の中央銀行では初めてです。株を買い取れば、それだけ国への納付金が減り、国民負担が発生します。もしも、株価が下落して損失が発生すれば、国民負担が増加します。日銀が買うといっても、公的資金（税金）による銀行支援という側面を否定できません。

「通貨の番人」にとっては「禁じ手」といわれた株式の直接購入ですが、二〇〇三年三月末までのわずか四か月で、一兆一六〇〇億円も買い取りました。しかし、株価を下げないという効果はあったにしろ、株価を上昇させる効果はほとんど見られませんでした。

今の市場では、それほどに売り圧力が強いのです。この売り圧力の源は、時価評価を逃れたいという願望です。株価が下がれば下がるほど売り圧力が高まるのは、何が何でも時価評価を逃れたいという強迫観念のせいだと思えるのです。

時価会計は今、「悪循環」に陥っています。「時価を何とか上昇させたい」という願望と、「時価評価を逃れたい」という願望は、実は、アンビヴァレンスです。株価を上昇させて評価損の増大を避けるには、株を売らないことです。しかし、ずるずると株価が下落してきますと、時価評価の恐怖に耐え切れず、株を売って時価評価を逃れようとします。すると、さらに株価は下落します。

二〇〇三年三月には、日経平均株価が八〇〇〇円を割り（年度末の三十一日は七九九七二円）、四月に入っても下げ止まる気配が見られません。ピーク時（一九八九年十二月、三万八九一五円）のほぼ五分の一です。バーゲンセールでいえば八割引きにしても、まだ買い手が見つからないのです。

日本にとっては、イラク情勢だけではなく、北朝鮮への不安もあり、いわゆる地政学的リスクが市場に大きな重しをかけています。今、そうした複合的な原因で日本が株式市場をクラッシュさせれば、日本を震源地とする世界恐慌を招きかねません。それも、半ばは、時価会計を続けるという人為的ミス（人災といってもよいでしょう）を原因としての世界恐慌です。

日本は、それでも時価会計を続けるつもりなのでしょうか。

第六章　時価会計の情報力と原価会計の情報力

私は、原価会計の研究者であり、その支持者です。「原価会計こそ会計」であり、「時価会計という会計はない」、と考えています。なぜ、時価会計という会計があり得ないのかを、原価と時価の情報力という視点から考えてみます。少し理屈っぽい内容かもしれませんが、ここでは「原価による財務諸表」と「時価で作った財務諸表」から何を読みとれるかを明らかにしようと思います。

数字のマッサージ

時価会計と違う考え方をする会計を、「原価主義会計」とか「取得原価主義会計」といいます。本書では、「原価会計」と呼んでいます。

原価会計では、バランス・シートに載せる資産を、買ったときの値段（原価）で記載し、原則として、資産を再評価することはしません。この会計は、一九三〇年代以降、世界中の国々で採用され、アメリカでも日本でも支配的な会計観となっています。

ところが、この制度はいろいろな問題を抱えているのです。原価会計を支持する私でさえ、原価会計を使えば、有価証券の含み益だけを計上して、含み損を塩漬けにしたり、子会社に売ったことにして土地の含み益をひねり出したり、含み損を子会社に飛ばしたり、減価償却の方法を変更したり、耐用年数を伸縮したり、繰延資産を計上したりしなかったり……などなど、いろいろな手で利益を自在に操作できることは識っています。

原価会計は、利益を増やすことはおろか、損失を消してしまうこともできます。そうした意味で、原価会計は「利益操作・損失操作の宝庫」ともいえるのです。

それでは、これらの問題は、原価会計という制度に固有の、あるいはその制度自体に内在する問題なのでしょうか、それとも、その制度を運用する「人」が引き起こしている問題なのでしょうか。この点については、これまでほとんど議論されてきませんでした。「人」には責任を負わせず、制度のせいにするというのは、これまでの日本の慣行ともいえます。

しかし、どれだけ理想的な交通ルールを作っても、車も「人」もそれを守らなかったら、画餅《がべい》に帰してしまいます。それと同じで、いかなる制度を採用しようとも、うまく機能するかどうかは、制度を運用する「人」次第なのです。

すでに述べたように、日本でもアメリカでも、これまで原価会計を基調とした会計が行なわれてきました。経済新聞の報道などでは、アメリカを初め世界の主要国で、全面的な時価会計が採用されているかのような印象を与えていますが、これは、読者をミスリードするものです。とりわけアメリカが時価会計の国のように報道されていますが、この国は、大恐慌以後、この七十年間、世界でもっとも厳格な原価会計を貫いてきた国なのです。この国に時価会計の基準があるといっても、実質的に適用されるのはニューヨーク市場に上場している日本やドイツの会社だけです。

原価会計の下で利益操作や粉飾決算をするからといって、それを防止するために時価会計に代えたところで、各企業は、新しい基準の下で利益操作に腐心するでしょう。時価会計では利益操作ができないといった素朴な主張もありますが、むしろ時価会計のほうが経理の自由度は高くなり、「利益の前倒し」から「損失の先送り」まで自由自在だということは、これまでに書いてきたとおりです。

時価会計に代えただけで、経営者の「数字をマッサージしたい」という願望が消えるわけではありません。会計の規制を強化して、経営者が利益を操作しにくくする工夫は大切ですが、より重要なのは、経営者の、数字をマッサージしたいという意図や願望をどう抑止できるかです。

不正に対する抑止力

会計学者の一人として、自省の念を込めていいますが、わが国の会計学は、その産物たる会計基準も、その基準の順守を生命線とする監査も、利益操作の抑止力としてはほとんど機能してきませんでした。

嫌われることを覚悟していえば、会計理論を担う学者も、その理論を実践するはずの経営者も、理論や基準が順守されているかどうかを監査する会計士も、ネガティブにかポジティブにかの差はあるでしょうが、何らかの形で、直接間接に利益操作に荷担《かたん》してきたといってもよいのかもしれません。

例えば、株価が低迷して売れないとき、国を挙げてＰＬＯ（株価腾貴策）とかＰＫＯ（株価維持策）をやり、そうしてつり上げた価格で、各社がクロス取引という架空の取引をでっちあげて含み益を実現させてきました。そうして計上した利益が実質を伴わないものであることは、多くの会計関係者は承知していたはずです。それにもかかわらず、学界からも会計士業界からも、批判らしい批判の声は挙がらなかったのです。それどころか、株価操作を公認するかのように、学界や会計士業界からは怒濤のごとく時価会計を主張する声が高まったのです。

時価会計は、こうした国を挙げての株価操作や経済界ぐるみの利益操作を公認して、みんなでつり上げた株価で時価評価しようとするのです。株価操作や利益操作を公認するような会計理論を作って、いったいどうする気なのでしょうか。

会計ではしばしば「実質優先主義」とか「形式よりも実質」という考え方が支配しているといわれてきました。しかし、日本の企業会計を見るかぎり、その片鱗も感じられません。ルールを形式的に守ってさえいれば、ルールの趣旨が曲げられようと、詭弁に近い解釈がなされようと、どうせ誰も文句をいわないと思っているのでしょうか。

原価の情報力=歴史の洞察力

会計の情報は、企業の収益力や支払能力を判断するための基礎的なデータです。ところが、原価をベースとした会計情報と時価をベースとした会計情報とでは、情報力・伝達する情報の内容や質に大きな相違があるのです。

原価をベースとした会計情報には、その企業の良き経験も悪しき経験も反映されますが、いまだ行なわれていないことや未決定のことは反映されません。原価は、あくまでも、その企業に固有のデータであり、その企業が経験したことの履歴です。したがって、原価によって測定された収益力とかキャッシュ・フロー創出能力などは、その特定の企業に固有の能力を示しているのです。

原価は単に過去を物語るだけではありません。情報の読み込み方次第で、その企業の意図や計画、すなわち現在や将来が読めるのです。

原価をベースとした会計情報は、一種の履歴です。履歴を知ることができれば、現在や将来を読むこともできます。特定の企業が置かれている現状や、その将来を洞察するには、何よりもその企業に関わるそれまでの歴史情報を読む必要があるのです。

例えば、ある企業が期中にA社株を五〇〇円で取得し、期末までに六〇〇円になったけれども売却せずに保有を続けたとします。期末まで有価証券を保有したということは、その企業が期末までの価格では売却したくなかったからか、資金繰り上、売る必要がなかったか、です。

企業が有価証券を売らずに期末まで保有しているとき、原価会計では、その売らなかったという事実から、企業が利益政策・配当政策・財務政策として何を考えているかを読みとることができるのです。

時価会計では、売っても売らなくても企業利益に変わりがありません。どっちにしても同じなら、企業は売却という面倒なことはしないでしょう。もう少しいいますと、企業が有価証券を売りに出せば、もっと時価は下がったはずです。売らずにいたために期末の時価が下がらなかったのです。実際に売っていたら、売却益は少なくなるのです。これで売れば利益が小さくなり、売らずにいれば利益が大きくなるのが時価会計です。これでは企業がいかなる利益政策・配当政策・財務政策を採っているかが読めません。

歴史に関心を持つ多くの人たちは、単に昔の出来事を知りたいというだけではなく、過去を知ることによって、現在の己を知り、さらに将来を洞察するヒントが隠されていると信じているのではないでしょうか。だからこそ、実生活においても、履歴書や過去の成績が重視されるのであろうと思います。

もちろん、「現在の実力はいかほどか」といった現在情報・時価情報が、その企業の実力を知る上で役に立つことも否定できません。しかし、それが、低下傾向にあるのか上昇傾向にあるのか、それとも、フロック（まぐれ）なのかは、時価情報（現在の実力）だけではわからないのです。今日明日といった短期的なことは時価情報によって知ることができますが、半年先、一年先、二年先といった中・長期的な実力とか収益力を知るには、歴史情報・原価情報が必要なのです。

時価の情報力＝「本物」も「コピー」も一緒

原価情報は、財を所有している特定の企業に関する収益力やキャッシュ・フロー創出能力などを物語るものでした。それに対して、時価をベースとした会計情報は、特定の企業ではなく、平均的な企業を想定した一般的な収益力やキャッシュ・フロー創出能力を物語るにすぎません。そこでは歴史のある会社も新設会社も同一の可能性を持つものとして扱われ、また意思決定済みのこともすべて行為済み・決定済みのものと仮定して、いわば経営者の意思が関与しない、中性的な扱いをうけるのです。

例えば、トヨタ自動車とまったく同じ財務構造の会社をもう一社作ることは可能です。資産の構成も負債の構成もまったく同じにし、同じだけの従業員を採用するとしましょう。しかし、その模倣の会社がトヨタと同じ売上げと利益を計上する会社になれるでしょうか。

もしそうしたことが可能であれば、トヨタ（総資産八兆円）に匹敵する会社を作れば、毎期の経常利益として五〇〇〇億円や六〇〇〇億円、よいときには一兆円も稼ぎ出す会社ができるはずです。もちろん、そんなことができるわけがありません。

時価会計では、資産や負債の評価や利益計算にあたって、その企業に固有の資金運用能力とか生産性などを考慮しないのです。そのために、この二つのトヨタ、コピーしたトヨタと本物のトヨタを時価評価すれば、まったく同じ財務諸表ができることになります。二つのトヨタの財務諸表を見せられた投資者は、二つのトヨタの能力差をどうやって判断したらよいのでしょうか。コピーのトヨタが「トヨタ」になるかどうかは、時価情報からは窺い知ることができないのです。過去の情報・原価情報を分析して初めて、その会社の個別の能力や将来性を知ることができるのです。

例えば、ある企業が、期中に五〇〇円でA社株を取得し、売らずに持ち続けていたら、証券市場で、期末に六〇〇円で取引されていたとしましょう。時価会計では、バランス・シートに書く金額を六〇〇円とし、差額の一〇〇円を利益とします。これの意味するところは、誰でもA社株に投資していたら当期に一〇〇円の利益を計上できたはずである、といった平均的な収益力です。バランス・シートは、期末に売っていたら、誰でも六〇〇円で売れたかも知れないという一般的・平均的な投資能力を示しているにすぎません。その企業の経営者が努力すれば、七〇〇円とか八〇〇円で売れたかも知れないし、経営者が判断を誤って四〇〇円でしか売れなかったかも知れないといった、個別企業の能力は表現されません。

時価会計は「たられば」の世界

アメリカ会計学会の会長を務めたこともある井尻教授は、原価会計と時価会計を将棋の報道にたとえて、次のようなことを述べています（井尻雄士「アメリカのファイナンシャル・レポーティング」、『企業会計』一九九九年九月号）。すなわち、原価会計は、実際に棋士が指した手を報道するようなもので、時価会計は、棋士が実際に指した手のかわりに、この盤面でもっともポピュラーな手はこうであると報道するようなものである、と。

棋士が実際に指した手を見れば、棋士が何を考えているのか、その手は成功しそうか失敗しそうかなど、いろいろなことを理解できます。しかし、実際に棋士が指した手ではなく、平均的な棋士ならこういうふうに指すといったことを知らされても、その棋士の実力とか戦況は理解できません。

勝負の世界では「たられば」は認められません。例えば、ゴルフをしていれば、打球が池に飛び込んだり、OBになることもあります。わずか三〇センチのパットでも、入らないときは入りません。ささいなミスが、スコアを大きく左右するものです。しかし、そんなときにも、「もし、池に飛び込んでなかったら」とか、「あのパットを沈めていれば」として、スコアを数えるのが「たられば」です。

実際の勝負と同じように、原価会計では「たられば」を認めません。期末までに売却していない商品・株式・土地などは、売っていないのですから、売ったかのように利益を出すことはしないのです。

一方、時価会計は「たられば」の世界です。たとえ売るタイミングを逃したとしても、「期末に売っていたら」とか、「あの時、売れたとすれば」と考えて、利益を計上するのです。その意味で、時価会計の財務諸表からは、その有価証券を売ろうとしているのか、売るつもりがないのか、企業が何を考えているのか読むことができません。

「たられば」が許されるのであれば、どこの会社も値が上がったら売らなくてもよいわけです。売りに出て値を下げるよりも、売らずにいて値崩れさせない方が賢明です。それどころか、決算日近くになったら、所有株（商品）と同じ銘柄の株（商品）を、できるだけ高い値段で少しだけ買えばよいのです。その値段が期末の時価となり、それまで所有していた株（商品）も、その時価で再評価されます。

私は今まで、商売の常道は「高値で売る」ことかと思っていましたが、時価会計では、「高値で買う」ことが利益を出す手になるのです。そんな時価会計を信じられますか。

時価会計には専門知識はいらない

原価会計と時価会計を論じるとき、原価と時価を併記する案とか、原価で財務諸表を作成し、時価情報を添付する案とか、その逆に、時価で財務諸表を作成し、原価情報を添付する案などが、しばしば提案されてきました。

ここで重要なことは、会計に関する専門知識がなければ作成できない情報と、会計の知識がなくても、一定のデータを与えれば誰でも作成できる情報と、会計以外の分野の専門家にしか作成できない情報という、三種類の情報があることを理解することです。

ほとんどの時価情報は、一定のデータを与えれば、外部者でも作成できます。例えば、所有する株式の銘柄と株数を与えれば、新聞の株式欄を見るだけで時価総額は誰にでも計算できます。また、商品の在庫一覧などのデータを与えれば、問屋とかメーカーに問い合わせるだけで時価を把握できます。

ところが、それ以外の時価情報は、会計専門家（公認会計士や会計学者）には作成できません。

井尻教授は、時価情報への需要が多いからといって、それをすぐに財務諸表の本体に入れるべきである、と考えるのは間違いであるとして、「アカウンタント（会計専門家）にそういう評価や予測をやる能力があるのか」「職業人としてのトレーニングのどこからそういう能力が生まれてくるのか」という疑問を発し、会計士に時価を算定させるのは、「内科の医者に手術をやらせるようなもの」だと手厳しく批判しています（中野勲・山地秀俊編著『21世紀の会計評価論』勁草書房、一九九八年、一九九頁）。

ここで井尻教授が危惧《きぐ》するのは、債券・長期負債・土地などの評価であろうと思います。例えば、外国債の時価などは証券会社の専門家でなければ数値が出せない上に、証券会社によって時価とする金額が大きく違うといいます（田中弘著『時価主義を考える（第三版）』中央経済社、二〇〇二年、一四〇―一四二頁参照）。長期の負債の時価などは、保険数理を専門とするアクチュアリーの資格と経験を持たない者には手が出せません。土地の時価は、不動産鑑定士に頼るしかないでしょう。

時価による財務諸表は、土地などを除けば、その情報の大部分を素人でも作成できるし、素人でも監査できます。しかし、残りの部分は、会計専門家では信頼できる情報を作成することはできないのです。となると、時価会計の世界では会計学や会計士の出番はどこにもないということになりそうです。

要するに、原価会計の財務諸表は、「会計の専門家でしか出せない財務諸表」であるのに対し、時価会計の財務諸表は「会計の知識のない人でも作れるデータ」と「会計以外の専門家にしか作れないデータ」を寄せ集めたものでしかないのです。そんなものは「会計データ」とは呼べません。

その「時価による財務諸表」ですが、「時価」といえるのは決算日の三月三十一日だけで、翌日からは「時価」とはいえません。財務諸表の日付は三月三十一日でも、これが株主総会において確定するのは六月下旬です。その時点では、三か月近く経過しているのです。株主にとっては、そんな「古い時価」で作ったバランス・シートを見せられるよりも、「原価で作ったバランス・シート」に、六月末の「最新の時価」情報を注記したもののほうが役に立ちます。前に述べたように、時価によるバランス・シートには、「含み損」がたっぷり入っているのです。そんなバランス・シートを信用して投資の決定をすれば、間違いなく失敗します。

「姿」を映すか、「願望」を映すか——鏡としての会計

本章の最後に、会計の原点からみた、会計の役割・会計情報の意義を再確認したいと思います。会計の役割は第一に、わが身を知るための、わが身を映すための「(正直な)鏡としての会計」であり、第二に、鏡に映ったままのわが身を正直に関係者に伝える「メディアとしての会計」です。

友人の会計士が教えてくれましたが、「粉飾はわが身からだます」そうです。粉飾して利益を計上するときは事実無根の利益だと承知していても、次第次第に、報告した利益が本当の利益であったかのような気になるというのです。

その伝でいけば、時価会計も似たようなものです。売りもしない株を売ったことにして含み益を計上するのですから、そのうちに、本当に評価益を実現できたかのように錯覚するでしょう。粉飾も時価会計も、経営者がまずわが身をだまし、監査人も投資家もだまされるということになりそうです。

わが国の会計(財務諸表)は、わが身を映したつもりで、実は、わが願望を映す鏡に

成り下がっていたのではないでしょうか。つまみ食いに目をつぶり、粉飾を黙認するような社会には、あだ花のような会計しか花を咲かせません。そのあだ花を見て会社の実態に迫ることなど、どだい無理な相談です。

これまで原価会計が担ってきたアカウンタビリティ（経営行動に対する説明責任）は今後も変わらないと思います。しかし、そのアカウンタビリティを果たすためには、今こそ、会計の原点に立ち返って、会計の使命を再確認し、「鏡としての会計」の機能を復活する必要があると思います。それを実行できるのは、個別企業の履歴を映す原価会計だけです。平均的・中性的な情報しか作れない時価会計ではそうしたアカウンタビリティを果たし得ないことは上述したとおりです。

第七章　どこの国も使わないはずだった国際会計基準三九号

会計とは何か

「会計って何をするものなのですか」

専門外の人にこう真正面から尋ねられると、答えに窮してしまいます。こんな簡単な問いに適切に答えることが、会計学者でも、実は大変に難しいのです。

広く会計を捉えますと、「会計とは、経済主体（企業）が営む経済活動とその結果を、複式簿記のシステムを使って貨幣額で測定し、これを伝達するシステムである」とでもいえるのではないでしょうか。

このあたりの定義に関しては、会計学者の間でもきわだった異論はないようです。ところが、この定義の中にある「経済活動とその結果」とは何なのか、あるいは、経済活動とその結果として「何を測定し、誰に伝達するのか」、それは「何のためか」ということになりますと、意見が大きくわかれるのです。

ある人は、①「会計とは財産の変動とその現状を明らかにするシステムである」といいます。また、ある人は、②「会計とは利益を計算するシステムである」といいます。①ですと、「財産の変動」を測定するのが会計の仕事ということになります。②ですと、「利益の計算」こそ会計の仕事だということです。

さらにまた、③「会計とは、企業における各種の関係者の利害を調整するものである」という解釈もあり、④「会計とは、投資の意思決定に必要な情報を提供するものである」とする理解もあります。③では、測定結果を使って、関係者の利害を調整するのが会計だといいます。④では、投資家に必要な情報を提供するのが会計の仕事だというのです。

これら四つの説明は、まるで違います。こんなに違う会計の定義が、今、この四つとも、わが国の会計界で、堂々とまかりとおっているのです。

何やら難しいことをいうようですが、要するに、①と②は、会計とは何をするものなのか（会計の目的）、という問いに対する答えであり、③と④は、会計は、社会のどういうところで利用されているか（会計の機能）、という問いに対する答えです。

目的と機能は同じことではないのかとよくいわれます。しかし、時には、目的と機能は違うのです。包丁を考えてみるとよくわかります。包丁の目的は、「料理のための道具」であり、「食材を切るための道具」です。しかし、包丁の機能（使い道）となりますと、食材を切るだけではなく、ときには「殺人の道具」ともなります。目的と機能は、必ずしも同じではないのです。

では、会計の目的とは何でしょうか。そして、会計の機能、使い道は何でしょうか。会計は「人」は殺せませんが、使いようによっては「会社」でも「経済界」でも殺すことができます。その辺は、包丁とよく似ています。使い方次第ということです。

会計をもって財産の変動とその現状を明らかにする技術であると考える人たちは、比較的素朴な会計観を持っていることが多く、会計を、ストック（財産の有り高）を計算するシステムと考えています。

会計をもって利益を計算するシステムであると考えている人たちは、かなり会計に関する知識のあることが多く、会計をフロー（財産が変化する量）の計算システムと考えているのです。

会計が財産を計算するものだと考える人はたくさんいます。会計に関する知識をまったく持たない人たちに、「会計って、何だと思いますか」と尋ねてみるとよいでしょう。ほとんど間違いなく、「財産を計算するもの」とか、「税金を計算するもの」という答えが返ってきます。

会計は利益を計算するものだと考える人は、それなりの会計知識がある人たちです。しかし、実は会計の専門家の間でも、意見が二つにわかれるのです。

わが国の代表的な会計学辞典をひもといてみましょう。中央経済社から刊行されている『会計学大辞典（第四版）』では、財産の「増減の事実と増減の原因を継続的に記録し、一定の期間ごとに、財産がどのような原因でどれだけ増減し、どれだけの財産が存在しているかを明らかにする行為」が企業会計であるとしています。ここでは、会計は、財産を計算するシステムと考えられているのです。

他方、同文舘出版から出ている『会計学辞典（第五版）』では、「企業会計の直接的課題は、企業活動の結果として獲得される利益の算定にある」と説明しています。

これだけ違った説明が、現在の会計学で、二つとも、通用しているのです。なぜかと言いますと、歴史を振り返ってみたとき、会計はこの二つの役割を曲がりなりにも満たしてきたという一面があるからです。会計はそれだけ多機能だともいえます。しかし、どの仕事もうまくこなせるわけではありません。

では、現代の会計はいかなる仕事をしているのでしょうか。

会計にしかできないこと

現代の経済界において、会計にしかできない仕事があります。それは、「企業のトータルな利益を期間的に区切って計算すること」です。「投下資本の回収と回収余剰としての利益を計算すること」といってもよいと思います。中世に発明された複式簿記が世界中で使われるようになったのは、複雑化した企業の損益をシステマティックに計算する技術がほかになかったからです。

企業の利益を断片的に計算する方法ならいろいろあります。例えば、固定資産（土地や建物）を売買して得た利益を計算することや、お金を貸して受け取る利息を計算することは、それほど難しいことではありません。しかし、現代の大企業のように、世界中に工場やら多種多数の機械を持ち、大量の原材料を使って複雑な製品を生産・販売している場合には、利益を断片的に計算して合計しても、企業全体の利益を計算したことにはなりません。特に、製造業では、何年も何十年にもわたって永続的に事業を営むために、利益を断片的に計算することさえ不可能です。

そこで、企業全体の利益を、年度ごとに計算する統合的なシステムが必要になるのです。そのシステムとして発明されたのが複式簿記であり、それをベースとした会計です。現代経済社会において会計は、企業の利益を計算するという仕事を担っています。この仕事は、現在のところ、会計以外にうまくできる仕組みはありません。企業利益の計算は会計の専売特許といってよいでしょう。

静態論から動態論へ

ところが、会計には、簿記とか原価計算という用語が暗示するように、技術的側面があり、実際にもいろいろな使い方ができます。会計は、利益の計算にも使えるし、財産の計算にも税金の計算にも使えます。企業をコントロールする手段（管理会計）ともなれば、経営方針の決定にも役に立つのです。企業の評価にも経営分析にも、威力を発揮します。

ここで、会計を、歴史的に見てみたいと思います。

一九二〇年代までのアメリカでは、企業が銀行から資金を借りようとすれば、財産目録的なバランス・シートを提出するように求められました。財産目録というのは、持っている財産の一覧表です。多くの場合、財産には時価がつけられていました。この時代には、会計は、財産を計算する手段として利用されていたのです。

この時代のバランス・シートは、ある特定の日の財産を計算するのですから、スチール写真（静止画像）のように、企業財産の静止した状態を示すわけです。会計が企業財産の「静止した状態」を示すことから、このような財産計算を目的とした会計を、「静態論」とか「静的観」と呼んでいます。

ところが、この静態論には、会計学から見て、重大な欠陥が二つあります。一つは、静態的バランス・シートを作成するには、会計の専門的知識も複式簿記による継続的な記録も要らない、ということです。会計学が要らないのです。期首と期末に、財産の有り高を調べればよいだけですから、素人でも財産計算ができますし、バランス・シートを作ることができます。

在庫の数を数えてそれに単価を掛けるだけのことです。必要なのは、足し算と掛け算だけ。これでは「学問」と呼べるほどのものにはなりえません。「会計学」と「静態論」とは、両立しないのです。

もう一つの欠陥は、静態論にとって致命的です。それは、静態的バランス・シートからは企業の収益力が読めない、ということです。

アメリカの経済は、一九三〇年代以降、急速に証券の民主化（数多くの国民が有価証券に投資するようになること）が進み、会計に、こうした一般投資家に企業の収益力情報を知らせる役割が課されるようになってきました。静態論の会計では、こうした投資家のニーズに応えられなくなってきたのです。

企業の収益力は、損益計算書によって表示されます。損益計算書は、期首から期末までの期間の、収益の流れと費用の流れを比較表示して、その期間の成果（収益力）を示すものです。期中における活動量（フロー）を示すところから、損益計算書を重視した会計を、そのダイナミズムを含意して「動態論」とか「動的観」と呼んでいます。

静態論が、企業財産のスチール写真（静止画像）を見せようとするのに対して、動態論は、企業活動を映したムービー（動画）を見せようとするものだといった説明がなされることもあります。

今日の会計は、動態論に立脚しています。その証拠は、例えば、損益計算の側では、不動産の評価益を計上しないこと、収益・費用を計算して差額としての利益を求めていること、バランス・シートでは、のれんや繰延資産などの、売却できない資産を計上すること、資産を原価で評価すること、固定資産を定額法などの方法で減価償却したり棚卸資産の原価を先入先出法などの方法で期間配分していること、など、枚挙にいとまがありません。

なぜアメリカ会計は静態化したのか

専門的な論文を読みますと、最近のアメリカ会計が再び「静態化」してきたということが書かれています。ここでの「静態化」とは、会計の中心が、「損益計算書からバランス・シートへ」、会計の課題が「利益の算定」から「財産の表示」へと、逆行してきたことをいっています。

なぜ、アメリカの会計が静態化したのでしょうか。原因は、少なくとも三つあります。

原因①ギャンブルを加速させた四半期報告

その原因の一つは、第四章でも書きましたが、アメリカの企業が、四半期（三か月）ごとの短期的目標によって経営され、成果も四半期ごとに計算・報告されることにあります。いや、その逆が正しいのかもしれません。つまり、アメリカの企業は、四半期ごとに成果を計算・報告しなければならないため、企業経営も四半期ごとに何らかのグッド・ニュースを報告できるように、短期的な経営が行なわれるようになってきたのです。

ニワトリと卵のような話ですが、アメリカの投資家は、投資の意思決定に必要な会計情報を、半年後、一年後ではなく、もっとタイムリーに手に入れたいとして、企業にもっと頻繁に情報を開示するように求めているのです。企業はその求めに応じて、現在、三か月ごとに会計報告をするようになりました。その結果、投資家は四半期ごとの会計情報を使って投資の決定をするようになり、企業は、四半期ごとに経営成果を出そうとして、わずか三か月間でグッド・ニュースを出せる事業を好むようになるのです。M&A（企業の合併や買収）が盛んに行なわれるのも、デリバティブに手を染めるのも、短期的に利益を出せるからです。

かくして、投資の意思決定も、三か月後、半年後に企業がどうなっているか、を重視するようになり、会計の役割も、三か月後、半年後の企業を評価できるような情報を提供することに高い比重がおかれてきました。これまでの、期間損益計算を重視した会計は、中・長期（一年から数年）的な企業評価には役に立つけれども、短期の評価には向かないと考えられるようになってきたのです。

アメリカの投資家は、次第に短期的な投資観しかもたなくなり、アメリカの経営者は、そうした短期的な投資家の情報ニーズに合わせた会計報告を非常に重視するようにエスカレートしていきました。

三か月かそこらでは、本業の利益（営業利益）の額が大きく変動することはあまりありません。短期的に変わるとすれば、財産の金額、とくに、価格変動にさらされている金融商品（有価証券など）やデリバティブの価値です。

アメリカの四半期報告でもっとも重視されるのは、有価証券やデリバティブの時価、つまり、静態的情報になったのです。アメリカの会計は、こうした事情から、「中・長期の投資家」とか「健全な投資家」のための会計報告から、「ギャンブラーのための会計報告」と化してきたのです。

原因②「監督会計」は時価が好き

アメリカの会計が静態化してきたのには、政治的な理由もあります。その話に入る前に、アメリカの会計がいかなる政治的背景を持っているかを書きたいと思います。なぜかというと、わが国で議論されてきた時価会計論は、アメリカのSEC（証券取引委員会）が望んだ時価会計と、そのSECの意向を受けてFASB（財務会計基準審議会）が展開したコンセプトをベースとしているからです。

多くの時価会計論者は、知ってか識らずか黙して語りませんが、アメリカの時価会計は、SECという政府機関の「監督会計」を出発点としており、その意向を受けたFA

SBが理論的なバックボーンを提供したものです。この監督会計なるものがどういうものかがわかると、今日の時価会計がいかなる素性のものかもわかってきます。

証券市場や産業界を監督する立場にある政府機関であれば、アメリカのSECもわが国の旧大蔵省も今の金融庁も、企業を監督する道具として会計を使います。そうした目的で行なわれる会計を「監督会計」といいます。一般の事業会社が行なう「企業会計」とは違うのです。

わが国でいえば、銀行は銀行法という法律の下に「銀行会計」を行ない、保険会社は保険業法という法律の下で「保険会計」を行なっています。こうした法律（業法）の下で行なわれる会計を、監督官庁が公益事業を営む企業を監督するための会計、つまり、「監督会計」というのです。ただし、SECが監督する事業は、公益事業に限りません。

監督官庁が、企業や産業界をモニタリングするときには、マクロ経済への影響を見るのは当然ですが、それも、かなり短期的な見方をします。この企業は、あと一年もつかどうか、半年以内に倒れることはないかどうか、そういうことに関心を持つのです。わが国の金融庁でも、今一番の関心事は、モニタリングしている銀行、保険会社、証券会社が、この先、半年、一年、やっていけるかどうかです。まともに見える決算報告をしていながら、その数か月後に破綻する保険会社や銀行、証券会社が相次いだわが国の現状を振り返れば、こうした短期的なモニタリングがいかに重要かよくわかるでしょう。

あと半年もつかどうかは、企業の原価データを見てもわかりません。原価データは、企業の中・長期的な収益力や支払能力を読むには適しているのですが、短期の企業評価には向かないのです。つまり、動態論の財務諸表では、短期のモニタリングができないと考えられています（詳しくは、田中弘著『会計学の座標軸』税務経理協会、二〇〇一年、第三章参照）。

こうしたことから、SECは、企業に対して時価情報、つまり、企業の静態的情報を出させることに熱心なのです。それも「投資家は、投資意思決定のために時価情報を必要としている」という大義名分の下に、「監督会計」としての情報要求であることを秘して、時価情報を出させようとしてきました。

こうした下心を抱きながら、一九八〇年代のインフレ時代、SECは盛んに時価情報を要求しています。カレント・コスト会計という時価会計（棚卸資産を時価で評価し、固定資産を時価で減価償却する会計）です。しかし、ＳＥＣ主導の下に行なわれたカレント・コスト会計は、三年もつかもたないかで、産業界・証券市場が拒否してしまい、結局、ＳＥＣは敗北宣言を出さざるを得ませんでした。時価情報が投資意思決定にほとんど使われなかったことが敗因であったといわれています。

それ以降、ＳＥＣは表面に出ることを嫌い、ＦＡＳＢを使って企業の時価情報、静態的情報を入手しようとしてきました。ＳＥＣは、監督会計を行なう必要から、短期的な情報、つまり、時価情報が必要だと考えています。そうしたＳＥＣの意向を受けて、ＦＡＳＢは、「投資意思決定情報の提供」を錦の御旗に、企業に対して、時価情報、現在情報を要求するようになったのです。

原因③ＦＡＳＢの資産・負債アプローチ

ところで、動態論が支配的な時代に、時価情報などの静態的情報を企業に出させたり、さらに時価評価を取り込もうとするには、それなりの理屈が必要です。

その理屈に使われたのが、「投資意思決定に必要な会計情報の提供」という「会計機能」であり、「資産・負債アプローチ」でした。「資産・負債アプローチ」というのは、バランス・シートを重視した会計観、つまり、静態論のことです。これまでの損益計算書を重視した会計は、「損益アプローチ」とか動態論と呼ばれ、一期間の損益を、収益と費用というフロー（価値が流れた量）で測定するものです。

これに対して、「資産・負債アプローチ」は、期首と期末における純資産の増加をもって利益と考えるものです。期首にあった純資産（総資産から負債を差し引いた残額。負債を支払っても企業に残る資産の額）が期末までにどれだけ増加したかを計算して、増加していれば利益、減少していれば損失と考えるのです。

なぜ、ＦＡＳＢは「資産・負債アプローチ」を採ったのでしょうか。それは、ＦＡＳＢとしてはＳＥＣを表に出すわけにはいかないからです。だからこそ、ＦＡＳＢは静態的な立場から理論武装する必要に迫られたのです。

アメリカにおいて会計基準を設定する法的権限を持っているのは、ＳＥＣです。ＳＥＣは証券市場の番人といわれ、健全な証券市場の育成と投資家の保護を役割としています。証券市場において取引されるのは主に有価証券ですから、有価証券を発行している事業会社や銀行などが行なう決算も、SECの監督の範囲です。

SECは、一九三四年証券取引所法によって設立され、同法によって、会計基準を設定・公布する権限が与えられました。しかし、SECはその権限を自らは行使せず、プライベート・セクター（民間）に権限を委譲してきました。最初は、アメリカ公認会計士協会（AICPA）でした。ところが、公認会計士の団体が会計基準を設定するとなると、どうしても企業・産業界への影響や産業界の要望を無視することができなくなります。基準性の緩い基準しか設定できなかったり、そうでなくても、産業界が反対するような基準を設定してしまうと、会計基準から離脱するケースが増えたりしたのです。

一九七三年にアメリカの基準設定主体が、AICPAからFASBに代わった背景には、一九六〇年代に噴き出した会計基準に対する批判と、会計基準からの離脱が多発した事情があります。いわゆる「嵐の六〇年代（Stormy'60）」と呼ばれるものです。

当時、AICPAが設定する会計基準は順守度が落ちていました。各産業・各企業の身勝手な解釈を許してしまっていたのです。それまでは、原価会計と実現概念をベースとした動態論が基準設定の理論的バックボーンでした。しかし、動態論は、理論的な精緻さを高く評価されながらも、操作されやすかったり、多様な会計処理を認めざるを得ないという欠陥がありました。そのために、会計実務の場では、しばしば基準設定の趣旨から離れた処理、さらには公然とルールに反する処理をする企業が跡を絶たなかったのです。

ＳＥＣは、ＡＩＣＰＡの指導力が低下し、基準を設定する能力に問題があると判断しました。ＡＩＣＰＡが、各方面から寄せられる基準批判をかわし、強力な基準を設定できなければ、会計基準の設定にＳＥＣが乗り出してくる可能性があったのです。そこでＡＩＣＰＡが捨て身になって立ち上げたのが、会計士業界からも産業界からも独立したＦＡＳＢでした。ＦＡＳＢも、プライベート・セクターとして設立され、ＳＥＣから会計基準の設定を任されています。

こうして新たに創設されたＦＡＳＢには、強力なリーダーシップとともに、①解釈の余地の少ない基準を設定すること、②会計士業界からも産業界からも一定の距離を置いた基準を設定すること、③ＳＥＣの要求を満たすこと、という三つの使命が与えられていました。その意味で、ＦＡＳＢは、「プライベート・セクターの皮を被った狼（ＳＥ

C)」なのです。
FASBは、SECの「了解」の下に、「資産・負債アプローチ」を軸とした概念フレームワークを作り、会計基準が客観的・理論的に形成されるものであり、いずれかの団体や利害関係者集団の利益によって誘導されるものではないことを示そうとしました。「資産・負債アプローチ」を採ったのは、二つの理由からであったと思われます。一つは、「損益アプローチ」に比べて、操作されにくいと考えられたからです。従来の「損益アプローチ」は、実現（本物の利益かどうかのテスト）とか期間配分（今年の収益・費用とするか来年にまわすか）といった、解釈と操作の余地が大きいコンセプトが理論構成の中心におかれていました。そこでは、一つの会計事実に対して、いくつもの原価配分方法や期間帰属の考え方が認められ、そのどれを採用するかによってバランス・シートの金額も損益計算書の利益額も大きく相違しました。採用した方法を変更することによって利益を操作することもできたのです。また、実現のテスト（本物の利益となったかどうかの判定基準）も、ときには狭く、ときには広く解釈され、損益計算をゆがめているとみられました。

その点、「資産・負債アプローチ」は、期首と期末における財産の有り高を比較する方法ですから、(測定の問題を除けば) 解釈や操作の余地が少なく、利害関係が対立するような問題でも公平で客観的な処理基準を設定できると考えられたのです。

このように、ＦＡＳＢが指向する会計は、その目的・仕事が「投資意思決定情報の提供」にあり、会計観として「資産・負債アプローチ」を採ることにしたのです。一九二〇年代までの静態論とは目的が違いますので、「新静態論」といってもよいでしょう。「投資意思決定情報の提供」と「資産・負債アプローチ」からは、半ば当然のごとく、「時価情報」「時価評価」という考え方が出てくるのです。資産・負債の時価評価は、ＳＥＣの「監督会計」にぴったり適合します。ＦＡＳＢが「資産・負債アプローチ」を採用した第二の理由はここにあります。

以上のような経緯で、アメリカの会計が静態化してきたのですが、これは決して、会計の理論が進化した結果ではありません。

わが国には、四半期ごとの報告もないし、一般企業の経営活動を日常的にモニタリングする政府機関もありません。わが国の会計が静態化するとすれば、そうした事情からではなく、単に、アメリカが静態化したから日本も「右に倣え」という、アメリカ崇拝というか、アメリカへの属国精神のせいではないでしょうか。
アメリカの会計も、日本の会計も、次第に静態化する傾向を強めており、いずれ、中・長期の投資家、健全な投資家にとって必要な情報がなおざりにされ、今日明日の時価変動に賭ける「ギャンブラーのための会計」に成り下がっていくような気がしてなりません。監督会計としては役割を果たせても、企業会計としての役割はどうなるのでしょうか。

「自由の国」アメリカでは、SECのような政府機関が、民間企業の「私的自治である会計」に口を挟むことは歓迎されません。そこで、FASBのような、表向きプライベート・セクターの機関が、SECの意を体して機能するのです。これが、アメリカの会計の一面なのです。アメリカは、これまで、いつも既知のものと見られてきましたが、実は、わかっているのは公式に表明された部分だけで、アメリカ会計の背景も意図も、基準運用の実態も、あまりよくは理解されていないような気がします。

国際会計基準はアメリカのマクロ政策

アメリカの会計基準は、「投資意思決定情報の提供」を表カンバンにして、同国のマクロ政策の道具として使われてきました。マクロ政策には、会計のありようを方向づけるくらい、強い磁力があるのです。今では、マクロ政策を反映しない会計基準などは考えられません。

マクロ政策というとわかりにくいかも知れません。これは、極端なことをいいますと、国の立場から見て、個別の企業が破綻するのと、産業界全体、いや国家が破綻するのと、どちらを選ぶかということです。マクロ政策では、個別企業の会計が犠牲になっても、国家が危険にさらされない政策が優先されるのです。

ミクロ（個々の企業）の経済を積み重ねていって、マクロ（国家）の経済がうまくいくのが理想的ですが、必ずしもうまくはいきません。個々の企業が自分にとってよいと考える行動（例えば、時価評価を避けるために保有株を売却）をとっても、マクロとしてみると市場のクラッシュという事態を招くのです。だからこそ、マクロとしての政策が必要になるのです。

村上陽一郎教授が、こんな話を紹介しています。ライオンに追われたシマウマの集団は、その集団の中で最も弱い一頭をわざと逃げ遅れさせ、ライオンのエサとすることによって、集団の「安全」を図る、と（村上陽一郎著『安全学』青土社、一九九八年、一九九頁参照）。

また、こんな話もしています。インフルエンザなどの感染症を予防するためにワクチンを打つが、それは、個人の安全を図ることだけが目的ではなく、むしろ、社会の多くの成員に接種することをとおして、大規模な感染を予防するのだ、と（同上、二二四頁参照）。

シマウマの話も、ワクチンの話も、社会・集団の安全、国家の存続を優先するマクロ政策と同じです。国家としての立場からは、「国破れて山河あり」というわけにはいかないのです。私企業の決算といえども、マクロ政策が優先されるのはこのためです。

そこで、気になるのは、国際会計基準です。国際会計基準は、本来ならば、国家という枠を持たない基準です。しかし、国際会計基準も、マクロ的な視点を欠くことはできません。なぜなら、国際会計基準は、いくらマクロ政策から中立的に設定しようとしても、その基準が各国で適用される以上、マクロ政策と無関係でいられないからです。そうであればこそ、国際会計基準は、自国のマクロ政策に貢献するような形のものにしようという誘因によって、つまり、各国の力関係によって歪められてもおかしくはないのです。

国際会計基準は、最初、アメリカ、イギリス、カナダなどの会計基準や実務を統合するようなものでしたが、IOSCO（証券監督者国際機構）が国際会計基準を認知する姿勢を示してからは、アメリカのSECが強力に介入して、アメリカ色の強い基準作りが進められています（磯山友幸著『国際会計基準戦争』日経BP社、二〇〇二年、一八二頁参照）。アメリカ色が強いということは、アメリカのマクロ政策が反映されているということです。そうした事情もあってのことかと思いますが、国際会計基準を適用している国は、今のところ、香港、イスラエル、シンガポールといったきわめて少数の国だけです。こうした国では、自前で会計基準をつくるための「人」「時間」「費用」を節減するために国際会計基準を頼りにしているだけかも知れません。いずれにしても、G

7のような経済大国では、どこも国際会計基準を使っていないのです。

これから決められる国際会計基準も、各国の利害を元にした綱引きによって改正や設定が行なわれるようになると思います。当分の間は、アメリカとEUとの間で綱引きが行なわれ、いずれは、欧米とその他の地区との間で綱引きが行なわれ、さらには、文化を異にする地域間で、また、宗教を異にする地域間での綱引きが行なわれるようになるのではないでしょうか。

そうした綱引きを経て、二十一世紀の会計がたどり着く地平は、決して、画一的なグローバル・スタンダードといったものではなく、各国・各文化圏がグローバルな視野に立ちながら、それぞれの経済的・政治的特質、文化、宗教観、国民性などローカルな側面を尊重する会計、つまり、グローカルな会計（Glocal Accounting）ではないかと思えるのです。そこにおける国際会計基準が果たすべき役割は、各国の会計基準を統一するとか、画一的に実務を規制するというのではなく、各国の基準や実務に見られる大きなデコボコを多少とも均《なら》して、財務諸表に必要な比較可能性をキープすることであろうと思います。

このようなグローカルな会計という視点を踏まえた上で、日本の会計が目指すべき一つの方向は、中期・長期的な観点に立った損益計算を仕事とする会計ではないでしょうか。そうした中・長期の経営成果を測るには、原価情報を欠くことはできません。中・長期の観点に立った利益情報と、その企業の歴史情報（原価情報）を出資者に「報告」することは、会計のルーツともいうべき、アカウンタビリティを果たすことにもなるはずです。

今のアメリカ会計は、決して、健全な投資家、中・長期の株式保有者のための用具とはなっていません。それがアメリカ会計の文化だといってしまえば、それはそれで済む話かも知れませんが、わが国だけでなく、世界中の国々がまねるべき、目指すべき姿でないことだけは確かです。

S&L対策だった時価会計

アメリカは、「投資意思決定情報の提供」のために、時価情報を基本としたバランス・シートを重視するようになってきました。それが国際会計基準にも大きな影響を与えているのですが、そもそも、有価証券を時価で評価しようという時価会計は、アメリカのS&L（小規模の貯蓄信用組合）対策に端を発しています。S&Lは、原価会計を悪用して、含み益のある有価証券だけを売却して益出しを行ない、含み損のある有価証券は原価で繰り越していきました。そのうちに、含み損のある有価証券だけが残り、七〇〇社を超えるS&Lがばたばたと倒産しました。倒産したS&Lの後始末に、アメリカ政府は一五〇〇億ドル（一ドル一二〇円として一八兆円）という巨額の公的資金を投入せざるを得ませんでした。

こうした事態を重視したSECは、S&Lや中小の保険会社に有価証券（特に株式）を保有させないようにするために、FASBを動かして財務会計基準（FAS）第一一五号（有価証券の時価評価基準）を設定させたのです。

SECは、先にも書きましたが、証券市場を育成し、投資家を保護するための政府機関です。そのSECが、私企業であるS&Lに対して「リスクが高いから株式へ投資するな」とは口が裂けてもいえません。そこで、株式に投資したら時価評価させるという圧力をかけたのです。FAS一一五号は、小規模の金融機関に対して、株式を保有した場合のリスク管理が十分にできないなら株式を買うなといっているのと同じことなのです。

ＦＡＳＢがデリバティブを時価評価させるのも、同じ目的であろうと思われます。四半期ごとに手持ちのデリバティブを時価評価させるということは、複雑な決算処理に加えて、ＳＥＣの検査コスト、監査費用などが巨額に上ります。そうした費用を負担しきれない企業に対しては、デリバティブをやらないように誘導しているものと思われます（今井澂著『図解　デリバティブ―2時間でわかる　手に取るようにわかる仕組みと今後の動き』中経出版、一九九五年、一二一頁参照）。

アメリカの時価会計が、いかにも会計の理論的な発展の結果であるかのように理解されることもありますが、実は違うのです。ＦＡＳ一一五号は、まさしく、中小の金融機関に対して株式投資を抑制させるための政治的なドキュメントであり、ＳＥＣの監督会計が生み出したものです。

国際会計基準委員会の「にわか仕事」

中小の金融機関に有価証券（特に株式）を保有させないようにするための政策的基準として生み出されたアメリカのFAS一一五号は、国際会計基準の設定において、とんでもない役割を演じることになります。

国際会計基準委員会（IASC。現在は国際会計基準審議会：IASB）は、一九八九年に金融商品に関する会計基準の設定に向けて活動を開始しましたが、会計処理の根幹をなす、時価評価に関する基準の内容についてはは合意に達することができませんでした。IASCは、やむを得ず、利益の計算に影響を及ぼさず、時価に関する情報だけを公開する基準を設定することとして、一九九五年に、国際会計基準三二号「金融商品——開示と表示」を公表しました。これなら比較的合意に達しやすかったからです。この当時は、まだ、アメリカが国際会計基準を認知する姿勢を見せていなかったこともあって、三二号もあまり注目されませんでした。

ところが、その後、各国における証券行政官の集まりであるIOSCOが、「多国籍企業が本国以外で行なう資金調達の際に作成する財務諸表」の基準として国際会計基準を認知する姿勢を示し、その条件として、一九九八年までにIOSCOが納得できるようなコア・スタンダード（会計基準のうち核となる部分）を完成させることがあげられていました。そのコア・スタンダードの一つに、金融商品に係る会計基準があったのです。しかし、金融商品に係る基準は、右に述べましたように、それまでも各国が合意に達せず、基準化に難航していました。

IASCは、期限までに時価評価の基準を設定することが困難であると判断して、形だけコア・スタンダードを設定することにしました。そこでモデルとされたのが、アメリカのFAS一一五号でした。アメリカの基準をモデルとすれば、SECがクレームを付けることはないと考えたのかもしれません。

もともと中小の金融機関に有価証券投資をさせないために設定したアメリカ国内向けの基準を、国際会計基準として取り込んだのです。ただし、FAS一一五号をそのまま取り込んだのではなく、各国が綱引きをして、「経営者の意図」に基づいた会計処理を認めるなどの手を加えて、基準性を緩いものにして公表したといわれています。

それが、国際会計基準三九号「金融商品――認識及び測定」です。国際会計基準三九号は、「暫定基準」として公表されました。それは、「(新しい) 金融資産および金融負債の認識と測定に関する包括的会計基準が作成されれば廃止される性格のものとして位置付けられている」(生保財務会計研究会『生命保険会社と時価会計2』二〇〇〇年、一五九頁) からです。

なぜ「どこの国も使わない」のか

この国際会計基準三九号は、「どこの国も使わないことを想定」して公表された節があります。国際会計基準三九号の前文を読みますと、これが暫定基準であること、「時価会計を、特定の業種あるいは特定の金融商品・負債に適用することは困難で」「未実現の損益を(実現した) 損益に含めることは広範囲に及ぶ不安があり」「正式基準を作る前に、多くの困難な技術上の問題点を解決する必要がある」ことが指摘されています。つまり、国際会計基準三九号は、前文で、このままでは実務基準となりえないことを正直に認めているのです。

実際に適用すれば大きな問題が表面化することがわかっている基準を、わが国は、いえ、世界中でわが国だけが、国内基準としてしまったのです。公認会計士として国際会計基準の設定に携わってきた秋山純一教授は、日本会計研究学会の席で、「国際会計基準三九号は、そのままでは、どこの国でも使えないこともありうるという暗黙の了解の下に公表されたはずです」と前置きした上で、「日本では、これを基準化した訳ですが、学会としては、国際会計基準委員会が採択した基準だからよいというのはおかしいのではないでしょうか」と疑問を投げかけ、学会として時価会計の理論的検討や国際会計基準三九号の批判的検討をする必要があることを指摘されています。

なぜ「どこの国も使わない」ことを想定していたのでしょうか。おそらくそれは、この三九号が、①IOSCOのいう期限に間に合わせて作った「形だけの基準」であり、加えて、②アメリカの政策的基準をベースとしていること、③各国の事情から、「経営者の意図」に基づく処理を認めてしまい、基準性が緩くなってしまったこと、④生保会社の資産・負債（特に長期負債）に適用することは困難であること、しかも、⑤資産の側だけ時価評価して、負債サイドは時価評価しないというアンバランスな基準であること、といった問題を抱えているからであろうと思われます。

わが国の時価会計基準は、暫定基準として公表され、また「どこの国も使わない」ことを想定して公表された国際会計基準三九号をモデルとして設定されたものです。そんな馬鹿げたことをしたのは日本だけです。国際会計基準三九号を国内基準に取り入れた国は他にありません。

わが国の時価会計基準は、国際的に合意が得られなかった国際会計基準三九号をモデルとしたものである以上、当然に、国際的な合意を得られるような基準ではありません。そんな基準を設定しておいて、国も企業もこぞって「時価会計逃れ」を繰り返しているのです。しかし、今日のようなデフレの時期では、いくら「時価会計逃れ」をたくらんでも逃げ切れません。このままでは、わが国だけが「時価会計の被災国」になりかねません。

そんな異常事態を避けるためには、時価会計をやめることです。経済や企業を崩壊させておいて会計基準だけ守っても、何の意味もありません。これが原因で産業を破壊したり証券市場をクラッシュさせたりすれば、国際的な物笑いになるだけではすみません。それどころか、世界恐慌の引き金になってしまいます。

エピローグ

時価会計は失敗の歴史

会計の歴史の中で、時価会計は何度も繰り返し登場してきました。長い歴史を持っているのです。時価会計はいつもその時々の問題を、一気に解決するという期待を持たせて、華々しく登場してきたのです。しかし、これまで登場するたびに敗退しています。

一九三〇年頃までは、各国で時価会計が採用されていました。しかし、大恐慌を機に、処分価値（時価）でつくったバランス・シートでは企業の収益力が読めないという批判が高まり、原価に基づく損益計算書を重視する原価会計に移行しました。

一九六〇年代から一九七〇年代はインフレーションの進行期ですが、会計学の世界では時価会計論が盛んでした。エドワーズとベル（アメリカの会計学者）、チェンバース（オーストラリアの会計学者）、アメリカ会計学会などの主張が世界中の会計学者をとりこにしました。しかし、こうした時価理論を実践した国も企業もありませんでした。

当時、会計実務の世界では、世界がインフレーションに見舞われていたことを反映して、インフレーションを指数化して会計数値を修正する会計、「インフレーション会計」「物価変動会計」が幅広い支持を得ていました。その後、インフレが沈静化するとともに、姿を消しています。

一九八〇年代は、アメリカ、イギリスをはじめとする英語圏の諸国で猛烈なインフレが進行し、「カレント・コスト会計」と呼ばれる時価会計が制度化されました。アメリカでもイギリスでもカナダでもオーストラリアでもニュージーランドでも、この時期は、政府が強制する形で時価会計が導入されたのです。導入したときは、「革命的な万能薬」としてもてはやされましたが、いざ実施してみると、期待を裏切るどころか予想外の混乱を招き、いずれの国でも時価会計は三年ともちませんでした。

二十一世紀に入って、今また時価会計が顔を出してきました。今回の時価会計は、企業の資産・負債に隠れている「含み損益」を表に出して、バランス・シートの透明性を高めることが狙いだといわれています。しかし、時価会計では「含み益を出す」といいながら、「含み損をつくる」ことや、時価会計が報告する利益はキャッシュ・フローの裏付けがなく配当にも回せない「紙の上の利益」であることを、すでに繰り返し述べてきました。

時価会計は、会計の歴史でもあり、失敗の歴史でもあります。会計の世界に何か問題が起きると、「それ、時価会計」とばかり条件反射してきましたが、時価会計は、これまで、いかなる問題も解決できなかったのです。ましてや今はデフレです。このようなときに時価会計を強行すれば、わが国は、世界で初めて「デフレ時価会計」の実験をする羽目になるでしょう。

埋めきれないギャップ――「時価情報」と「時価評価」

「時価情報を提供する」ことと、「時価で評価し直す」ことは、まるで違います。「いくらで売買されているか」「現在、いくらの価値があるか」という意味での「時価情報」

は、市場の情報であって、会計の記録から得られる情報（会計情報）ではありません。極端なことをいいますと、時価情報を出すも出さないも、会計の関知するところではないといってもよいでしょう。

しかし、「時価で評価する」ことは、バランス・シートと損益計算書の金額を変えるのですから、まさしく会計の話です。たとえていいますと、「時価情報の提供」は「財布の中身を見せる」ことで、「時価評価（時価会計）」は「財布の中身を分け与える」ことといってよいでしょう。両者の間には、埋めきれないギャップがあるのです。

わが国やアメリカでは、時価情報の提供（投資や財務の理論）と時価評価（会計の理論）の間にあるギャップを埋める努力もしないで、時価情報の提供から一気に時価評価へとジャンプしてしまったのです。つまり、「投資家が必要としているから時価情報を提供すべし」という財務論の主張を借りて、会計サイドから、「投資家が必要としているから、時価評価すべし」と主張しているだけなのです。「財布の中身を見せて欲しい」といわれて、「財布の中身を差し出す」のですから、そこには、会計の論理がまるで働いていません。

財務論は、時価情報にしろ時価評価にしろ情報を利用するだけですが、会計は違います。時価評価された資産・負債で、当期の利益や配当を計算し、税金を納め、ＲＯＥ（株主資本利益率）を計算し、債務超過の判定やＢＩＳ基準達成かどうかの判定をします。債務超過やＢＩＳ基準不達成と判定された企業や銀行は、営業停止や破綻を覚悟しなければなりません。

では、なぜ、時価情報の提供から時価評価にジャンプしたのでしょうか。時価情報を財務諸表の脚注や注記で開示しただけでは見落とされるとか、投資家は時価評価した上での利益情報を必要としているとか、いろいろ言われていますが、配当もできない利益を損益計算書に計上したり、含み「損益」を損益計算書ではなく、バランス・シートに書いたりする時価会計は投資家を大きくミスリードするのではないでしょうか。

時価会計凍結

本書を執筆中に、自民党本部に乗り込んで、「時価会計凍結論」を主張してきました。自民党の「財政・金融・行革・企業会計」に関係する各委員会の責任者である、林義郎氏、太田誠一氏、塩崎恭久氏、熊代昭彦氏、さらに、元法務大臣の谷川和穂氏、元経済企画庁長官の尾身幸次氏などの国会議員三〇名ほどを前にして、

①世界中の主要国で時価会計の基準を持っているのは、日本とアメリカだけであり、そのアメリカには基準はあっても適用される銀行や企業はないこと

②国際会計基準三九号は、その前文で、「暫定基準であって、適用には多くの問題が未解決」であり、このままでは実務基準にはなりえないことを正直に認めている。そうした問題だらけの基準を、世界中で日本だけが国内基準に取り入れたこと

③日本の時価基準によれば、時価会計は「シンデレラのバランス・シート」で、三月三十一日に時価評価しても、翌日には原価に戻す会計であるから、投資家はどちらを信用してよいか、わからないこと

④時価会計は「含み損」をつくる会計であること

⑤どこの国も、会計基準を設定するときは、国益・産業振興を重視するが、日本では国益に反する基準をチェックするシステムができていないこと

などの諸点を説いてきました。

その結果、自民党などからは「時価会計一時凍結案」「長期保有株式の時価評価凍結案」「金融機関の時価会計凍結案」などが出され、新聞などで報道されているとおりです。

私は、時価会計基準は、不採用・撤回しかないと思います。「一度採用したものはやめられない」といった面子にこだわる人もいます。時価会計を導入した官僚や、「時価会計を主張してしまった」学者に多いようです。彼らは、国が滅んでも、自分の面子だけは守りたいのでしょうか。

「やめたら、世界中から不信の目で見られる」といった、世界の声を理由にした「時価会計凍結反対論者」はたくさんいます。不勉強ではないでしょうか。世界中で、金融商品の時価会計を「実質的に」行なっているのは、日本だけです。どこの国も、時価会計に不信の目を向けているからこそ、基準化しないのです。

時価会計の理論的整合性、時価会計を適用したときの企業と経済界に与える影響、証券市場と株式持ち合いに及ぼす影響などを十分に検討・検証しないまま、時価会計を制度化するべきではありません。少なくとも、そうした検討と検証が終わるまでは、時価会計を凍結するのが、基準設定者・為政者の仕事ではないでしょうか。

政治の介入

会計基準の設定に政治が介入するのはけしからん、といった声も聞きます。それは、平時においては常識でしょう。私企業の決算と報告を律するという、私的自治の約束事が、本来の会計基準ですから、企業と投資家が納得して決めるべきものです。

ミクロ（企業の経済・経営）を積み重ねた結果、マクロ（国の経済）が栄えるのであれば、国も政治家も私企業の経営や会計基準に口を挟むことは慎むべきでしょう。しかし、今は、そうした平時の常識を働かせる場面ではないのではないでしょうか。

企業が保身のためにリストラに走り、時価評価を逃れようと大急ぎで所有株を売却し、雇用破壊、消費と経済の低迷、さらに市場の崩壊を招いているのです。今は、企業が自分にとってよかれと考えたことを実行すればするほど、国の経済が成り立たなくなるのです。会計基準は、その内容いかんでは、他国企業と競争する上で不利益を蒙ったり、特定の業界が存亡の危機に直面したりすることもあります。会計基準の設定に当たっては、私企業の論理に終始せず、マクロ経済に与える経済的影響についても十分配慮する必要があるのです。そうした意味では、「企業の会計」は、「日本国の会計」でもあるのです。

私が政治家の皆さんにお願いしたのは、日本国の経済を正しくかじ取りするには、マクロの立場から会計基準を見直す必要があるということだったのです。

会計基準「ものさし論」

会計基準は企業の実態を測る「ものさし」であるから、悪い結果が出るからといって会計基準を変更するべきではないという意見があります。私は、時価会計を使えば債務超過やBIS基準不達成になるからやめよう、と言っているのではありません。時価会計という「ものさし」では、企業の本当の姿が映らないと言っているのです。

また、設定された会計基準に合うように、経済実態が変わるのはおかしいという意見もあります。時価会計基準ができたとたん、基準の適用を逃れるために、銀行が事業会社の株を売り、売られた事業会社が銀行株を売り返すという泥沼の状況を招いています。

一部の論者は、新会計基準に対してそうした反応をするのはけしからんというのです。「ものさし」論は、与えられた制服（基準）がブカブカでもピチピチでも、我慢してそれを着ていろ、ということです。いったん与えられた制服（基準）を体型（実態）に合わせて仕立て直すなどとんでもないことで、制服に合わせて体型を変えることも許されません。社員（企業）はじっと我慢して着続けるしかない。ダイエットやスポーツ・ジムに通って体型を変えてはならないというのです。

こうした主張がどれだけ馬鹿げているか、いうまでもありません。会計基準「ものさし」論は、設定された会計基準が一〇〇％正しいということを前提にしている上に、企業の向上心・改善志向・危機回避・リスク管理などを許さないのです。「ものさし」があてられれば、誰でも「ものさしで測られるわが身」をよくしようと努力するものです。会計基準「ものさし」論を主張する方々は、そうした努力を「実態を測る邪魔になる」と否定しているのです。

日本経済はいま、デフレであえぎ、消費の低迷や雇用破壊でアップアップしています。証券市場もいつクラッシュするかわかりません。まさに、嵐の海で溺れて死にかけている子供のようなものです。「ものさし論者」は、「日本経済には泳ぐ実力がないのだから、溺れるしかない」とでもいうのでしょうか。でももし、その「泳げるかどうか」の判定基準が間違っているとしたら、もがきながらもなんとか水面に頭を出している企業を、水中に押し込んで溺死させてしまうことになりかねません。破綻したとされる金融機関や生保の中には、本当は泳げるところがいくつもあったのではないでしょうか。

経済学の佐和隆光教授は、日本の資本主義を「漂流する資本主義」(『漂流する資本主義——危機の政治経済学』ダイヤモンド社、一九九九年)と評しましたが、日本の会計(学)も「根無し草」で、この国を前提にした基準をつくるという努力よりも、アメリカ基準・国際的基準の輸入に終始しています。その結果が、「時価会計不況」であることを考えますと、時価会計基準の適用を見合わせることが第一のデフレ解決策であろうと考えます。この解決策なら、税金を一円も使わずに済みます。

あとがきにかえて

新潮社から会計の本を書く話を頂いたとき、大きな時代の変化を感じました。今日では、会計は一部の専門家が知っていればよいというものではありません。会計の仕組みとか技術的なところは専門家に任せるにしても、会計が企業の振興も国の興亡をも左右する用具である以上、会計の考え方とか計算の結果については、経済界・産業界の人たちに限らず、政界から年金生活者まで、多くの人たちに理解・共感・納得してもらえるものでなければなりません。小著がそうした仕事の一端を担えることをうれしく思います。

出版の話を進めてくださったのは、新潮社宣伝部長の鈴木藤男氏でした。鈴木氏とは、大学卒業後は住む世界を別にしてきましたが、お互いに相手の仕事ぶりに共感し、いやそれ以上に、人生観や価値観を共有する部分が多く、彼はいつも私の仕事に多くの示唆を与えてくれています。私くらいの年齢になりますと、旧友と会えば決って壊れたレコードか何かのごとく、昔話を繰り返すものですが、彼とは昔話などした記憶がありません。お互いに、明日を、明後日を語ってきたことに、いまさらながら驚いています。氏とは、これからも、「昔話などしない」「明日を、明後日を語り合える」仲でありたいと思っています。

実際に編集の作業をしてくださったのは、新潮新書編集部の三重博一編集長と内田浩平さんでした。お二人のプロとしての仕事ぶりと、よい本を作りたいという情熱に大きな感銘を受けたことを記して感謝申し上げます。

二〇〇三年四月二十日　　田中　弘

田中　弘　1943(昭和18)年北海道札幌市生まれ。神奈川大学教授。早稲田大学大学院博士課程修了。博士(商学)。著書に『時価主義を考える』『会計学の座標軸』『管理職のための新会計学』など。

Ⓢ新潮新書

013

時価会計不況《じかかいけいふきょう》

著者　田中《たなか》　弘《ひろし》

2003年5月20日　発行

発行者　佐藤隆信

発行所　株式会社新潮社

〒162-8711　東京都新宿区矢来町71番地
編集部(03)3266-5430　読者係(03)3266-5111
http://www.shinchosha.co.jp

印刷所　二光印刷株式会社

製本所　加藤製本株式会社

ISBN4-10-610013-4　C0233

価格はカバーに表示してあります。

新潮新書

004
死ぬための教養
嵐山光三郎

死の恐怖から逃れるのに必要なのは宗教ではなく、「教養」のみである。五度も死にかけた著者による、自分の死を平穏に受け入れるための処方箋。

005
武士の家計簿
「加賀藩御算用者」の幕末維新
磯田道史

初めて発見された詳細な記録から浮かび上がる幕末武士の暮らし。江戸時代に対する通念が覆されるばかりか、まったく違った「日本の近代」が見えてくる。

007
アメリカの論理
吉崎達彦

ブッシュはなぜイラク攻撃にこだわったのか。政権を取り巻くブレーンたちの動きを追えば、すべての疑問が氷解する。アメリカの本質がわかる注目の分析。

011
アラブの格言
曽野綾子

神、戦争、運命、友情、貧富、そしてサダム・フセインまで——。530の格言と著者独自の視点で鮮明になる、戦乱と過酷な自然に培われた「アラブの智恵」とは。

014
日中ビジネス摩擦
青樹明子

この教訓に学べ！ 民族差別、摸造品、行政処罰など、なぜ中国進出企業はトラブルに襲われるのか。豊富な具体例で背景を探り、日中ビジネスの明日を示す。